教員人生十か条

厳しい
教育現場を
生き抜く
50の知恵

山﨑 直人

溪水社

はじめに　～「あたりまえ十か条」をつくってみて～

私は校長として勤務した学校で、子供向けに「あたりまえ十か条」をつくりました。

第一条　あ　挨拶、返事、元気よく
第二条　は　早寝、早起き、朝ご飯
第三条　は　はきもの揃え、いい気持ち
第四条　た　大切な時間、みんなの時間
第五条　の　伸び伸び遊ぼう、誰とでも。友達呼ぶとき「○○さん」
第六条　し　シーンとしてる「静かゾーン」「無言掃除」
第七条　い　いつもの持ち物、忘れない
第八条　がっ　がんばろう、宿題、読書、お手伝い
第九条　こ　心も体も傷付けない。悪い時には「ごめんなさい」
第十条　う　うれしい言葉「ありがとう」

初めの文字を並べると「あはは、楽しい学校」となる生活の決まりです。

元々、長崎市には「長崎っ子の約束」として、「あ・は・は運動」というものがありました。幼稚園・保育所と小学校とが、同じ言葉で、同じ思いで、しっかりと子供たちを育てていきましょうという幼保小連携の合い言葉です。最初の3つの部分は、それをそのまま使わせてもらっています。

ただ、この3つも大切だけれど、これだけでは言い尽くせていない、と思いました。もっと子供たちに分かりやすく、学校として何かしっかりとした「指針」となる決まりができないものか。そこで、先生方とワークショップをして考えることにしました。新任校長として赴任した学校での3年目のことでした。

新年度の初日に、学校経営方針を説明したあと、「本校の子供たちに身に付けさせたい力は何か?」を問うて、いくつかのグループで話し合ってもらいました。まずは一人一人が付箋に書いて、それを模造紙に貼りながら分類し、まとまりごとにキーワードでつないでいくのです。校内研修でもよく取り入れる方法なので、スムーズに進みました。互いに発表し合って、その日は終了でした。

その後、集約された意見を活用して私なりにまとめてみました。「宿題をきちんとやってくる子になってほしい」「忘れ物が多いので何とかしなくちゃ」「読書量が少ないようだ」

「無言掃除はかなりできるようになっているので続けよう」「悪いことをしたときに素直に謝ることは大事だよね」「時間を守れる子になってほしい」等々。

どの学校でも共通のものもあります。本校だからこその特性や課題もあります。それらを並べ、10個にまとめ、語呂合わせで色付けしてみました。そうしてできたのが、この「あたりまえ十か条」です。

・目に見える形にする
・シンプルな分かりやすい表現にする
・声を出して唱えやすくする

というひと手間をかけることで、しっかりと全教職員で揃えることができ、共通実践として活用されるようになるのならしめたものです。

この十か条は、すべての教室に掲示することにしました。毎朝声を揃えて唱えている学級もありました。子供たちの記憶力は素晴らしいものがあります。「校長先生、全部覚えましたよ」と披露してくれる子もいました。毎月の生活目標には、この中から1つ2つを使って、全校で意識して取り組む仕組もできていきました。月初めの「生活集会」では、教職員による寸劇が「あたりまえ劇場」として展開します。楽しみながらその月の重点目標が浸透していく手応えを感じました。十か条としてまとめることで、生活の決まりが「動き出した」と感じたものでした。楽しみながら校内に広がっていく効果があることが分かったのです。

そこで、味をしめて、教職員の「あたりまえ十か条」もつくってしまいました。

①　出退勤時のルーティンを確実に
　出退勤時のPCチェック、出勤時の押印を忘れない。
②　「時間」はみんなの共有財産
　時間厳守。ただし、児童の問題は最優先。遅れるときは伝言を。
③　電話対応で組織の誠意が問われる
　ワンコールで出る。「☆☆小学校○○です」と名乗る。丁寧に対応する。
④　素直・誠実・真摯な姿勢で職務にあたる
　業務中の姿勢と質が問われる。「雑務」という仕事はない。
⑤　携帯・スマホの利用には要注意
　勤務時間中は原則使用禁止。周りの目を意識する。SNSは要注意。
⑥　整理・整頓で見た目もスッキリ

⑦ 週に一度のプチ整頓、月に一度の大整理。
情報漏洩をしない細心の注意を
所在を知らせてはならない家庭、画像を公開してはならない児童。
⑧ 報・連・相は、その後の「動き」まで
報・連・相は、速さが勝負。具体的な動きまであってこその連携。
⑨ 絶対に不祥事を出さないという強い覚悟で
自分を律する。仲間を守る。アンテナを高く鋭敏に。
⑩ プラスαの心配りで職場に潤いを
「仕事は大変だけど、職場は楽しく」のために私ができることは?

ちょっとやり過ぎかとも思いましたが、誰かが職員室に掲示してくれましたし、中にはデスクマットに見えるように挟めて時々眺めている方もでてきましたし、ワンコールもしないうちに素早く電話対応をする姿が見られるようになっていました。確かな効果が感じられました。

実は、このような「十か条」を最初に作ったのは教育委員会時代でした。転勤が決まって、次の担当者へ引き継ぐ際に、業務内容以外に伝えないといけない心構えのようなものがあるなあと考え、十か条に表してみたのです。学校現場と行政現場とでは、仕事内容はもちろんですが、それ以外の物の捉え方や考え方、言動や行動様式などの「違い」が大きいと感じていたからです。

そうしてまとめてみると、自分がどんな気持ちで、どんな思いで、どんな配慮をしたり、どんなことを大事にしながら過ごしてきていたのかが見えてきた気がしました。つまり、人に伝えるとか、誰かのためになるとかという前に、自分自身を振り返るきっかけとなっていたのです。

今回、自分の教員人生を振り返りながら、それぞれの年代や役職についての「十か条」を作ってみました。これは、ですから誰かのために、というより、自分のこれまでを振り返る作業であったように思います。けれどそれが、今、いろんな悩みを抱えながら教員人生を歩んでいる人や、これからその歩みをスタートさせようとしている人へのエールになればと思います。「指針」とは銘打っていますが、それほど確かなものでも、揺るぎない原理原則などでもありません。私とあなたとでは、性格も経験も環境も生きている場所も違いますし、これからの世の中はまさに予測不可能な時代が到来するともいわれているくらいだからです。けれど、だからこそ、ある時代を生きた教員の歩みや思いが、ヒントになったり、反面教師になったりするのであれば、それは小さな価値にはなるかもしれないとも思っています。

これからますます教育現場は、いろんな意味で「厳しさ」を増していくことでしょう。それでも、「教員」という仕事は、魅力的な職業です。未来をつくる子供たちに関わる仕事は、尊く、深く、やり甲斐を感じることのできる仕事だと私は考えています。どんなに人工知能が進化しても、人間が人間を育てるという「教員」は、なくなってほしくないと思います。

そんな未来を創る仕事に生きるあなたが、厳しい教育現場を生き抜くための、ちょっとした知恵や考え方やヒントとして受け取ってもらえるとしたら、そして少しだけ前向きに、元気になってもらえるとしたなら、こんなに嬉しいことはありません。

それはきっと、子供たちの笑顔につながっているはずですから。

２０２０年４月

山﨑　直人

目次

第4章　教頭十か条

教員人生十か条

〜厳しい教育現場を生き抜く50の知恵〜

第1章
若手教員十か条

第一条　全校児童を惹きつけて話す力をもとう

「教員は、最初の学校で決まる」といわれることがあります。本当は「どの学校か」が問題なのではありません。研究に熱心な学校であろうが、生徒指導面や家庭環境に深刻な課題をたくさん抱えている学校であろうが、複式学級のある極小規模校であろうが、高学歴家庭の多い新興住宅地の学校であろうが、勤務した学校そのものでその後の教員人生が左右されるわけではないのです。

どのような学校であれ、若い頃に、

> どんな出会いをして
> どんな過ごし方をし
> どんな学びをしたか

が、その後の教員人生に大きく影響するのだろうと思います。

ここで想定している若手教員とは、初任者から5年目までくらいの教員です。年齢的には、20代から30代前半というイメージです。教員になった最初の年は初任者研修があり、研修も手厚く、指導者もいつも側にいて示唆を与えてくれます。しかし2年目からはそういう存在はなくなります。要は、自分の成長の責任は自分で取ることになるのです。むしろ、そうなってからこそ、どのような教員人生を歩んでいくのかの模索が始まると言えます。そんな若手教員へのエールとしての指針です。

さて、この時期に、身に付けたい力の一つは、全校児童を惹きつけて話す力です。学級で話すことはもちろん、学年全体に話す機会もたくさん出てくるでしょう。自ら買って出ることも大切です。さらに、全校児童の前で話す機会も積極的に引き受けて経験を積むことです。その際、1年生から6年生までを上手く惹きつけて、しかも伝えたい内容がきちんと伝わるように話せるようになることを目指しましょう。自己満足ではいけません。そのためには、準備が必要ですし、モデルとなる先輩から学ぶことが必要です。先輩の先生方の中には、児童の前に立っただけで惹きつけることができる人がいます。なぜ、そうなのか。それをしっかり観察することです。

また、実際にはそういう機会がなかなかない、という人もいるでしょう。そのときは、誰かが全校の前で話しているときに、「自分だったらどう話すか」をイメージしてみることです。全校児童を惹きつけて話せる力は、すなわち、「小学生の子供たちに届く話し方」ができる力を備えたことでもあります。一朝一夕にはできません。話し好き、というだけでできることでもありません。これからいろんな場面で「話す」「語る」という機会が出てきます。教員は人前で話すことが商売ですから。若手教員の時代に意識しておきたいこととして二つのポイントを示しておきます。

・シンプルであること
・ありきたりでないこと

一つは、シンプルであることです。あれもこれも伝えようとしても独りよがりになるばかりです。この話で一番伝えたいことは何かを絞ることです。最初に想定する際は、あれこれと伝えたいことを集めることは必要です。けれど、想定した情報をそのままダラダラと話していては、結局は何も伝わらずに終わります。たくさんの情報を整理し、精選し、よりシンプルにすることです。何をこそ伝えなければならないかを考える習慣は、実は授業づくりにも生かされることになります。

二つめは、ありきたりではないことです。内容も、表現も、展開も、ありきたりの話では聞き手を引きつけることはできません。モノを用意するとか、「え？」と思わせるような展開にするとか、具体例を入れるとか、キーワードや合い言葉風にして覚えさせるとか。楽しい要素があると聞き手は心を開きます。笑いは潤滑油です。

例えば、全校朝会の最後に全校児童の前に立ち、「僕の名前は、ノモトシオです。僕のこと知ってますか？」と問いかけます。子供用の帽子をかぶり、子供用のジャンパーを着て、子供用のバックを持っているという格好です。「ようく、見てください。知っているでしょう」とさらに問いかけます。子供たちはきょっとんとしながらも、変な格好であることには気付いて笑いが起こります。バックからタオルやハンカチや文房具などを取り出して見せます。皆、子供用です。そしてこう言います。「これらはみんな誰かの落とし物なのです」。こんなにたくさんあるんですよ、体育館の出口に並べておくので、帰る前に確認してから教室に戻りましょう、などと続け、「ノモトシオ」は並べ替えると「オトシモノ」になることを明かします。「もう、ノモトシオくんが来なくていいように、自分の持ち物には名前を書きましょう」と締めます。意表をつく演出で面白がりながら、しっかりと話を聞いてくれました。伝えたいことはシンプルに、けれど、ちょっと工夫してみることでありきたりでない話になるでしょう。

逆に、そんな笑いの要素や面白さなどなくし、真剣に熱く強く語りかける内容もあるでしょう。「いじめは許さない」とか「平和を考える」とか「最近の生活態度がよくない」などという話題では、怒りや憤りを胸に、しかし声を荒立てることなく、声のトーンを落として一言一言をかみしめるように、間も意識しながら語る術も持ちたいものです。

ありきたりではないということは、誰がしても同じような話しぶりにはしないということです。おそらく子供を惹きつける話のできる先輩は、そのようなオリジナリティをもっているはずです。見抜きましょう。

そうして、全校児童の前で話す機会を得たら、話し終わった後で、先輩からの指導をもらいましょう。そのときに「ああ、よかったよ」だけで終わらないで、「あの場面ではね、例えばこんなふうに話したら」と具体的に指摘してもらえるような先輩との関係ができていると、幸せです。

第二条　挑戦しよう

何にでも挑戦してみましょう。「若いときの苦労は買ってでもせよ」という諺は真実です。誰か研究授業をしませんか、実践発表者を探しています、○○という係の仕事を手伝ってもらえる人はいませんか、休日で有料だけど学び甲斐のある研究会があるので参加しませんか、など「あまり誰もやりたがらないこと」や「どんなものか分からないもの」などの誘いがいろいろとあります。いわゆるプラスαの仕事です。そのようなものに出会った時は、可能であれば是非「挑戦する方」を選んでほしいのです。

もちろん、何でもかんでも手当たり次第に、というわけではありません。自分の置かれた状況を冷静に客観視した上で判断すべきですが、「ちょっと難しいかも」ということへの挑戦や参加は、成長のきっかけになります。「適度な負荷を自分に与える」ことになるからです。

「適度な負荷」というところがポイントです。「過度な負荷」は心身共に悪影響を及ぼします。倒れたりつぶれたりしてしまっては意味がないからです。しかし、まったく負荷のない状態で、現状の力だけで余裕をもってできることばかりをしていても、何の力もつかないままでしょう。ぬるま湯状態が続くことは、安定しているようですが、成長の糧にはなりません。

ただ「適度」か「過度」かを見抜くのは難しいことです。それを見極める目をもつためには、若い頃の「挑戦の体験」しかないのです。いろんな挑戦や体験を積み重ねることで自分の力を知ることができるようになります。そうすることで次なる挑戦へと進むことができるのです。

また、信頼する他者からの誘いも指針を与えてくれます。未熟なうちは、意外と自分の力量をきちんと捉えることができていないのです。「無理です」と思っていても、信頼のおける人からの依頼を受けてみることで、飛躍的にステップアップできることもあります。

この「適度な負荷」は、実は子供たちにも常に意識して与えたいと考えているものです。子供たちに対する「適度な負荷」をかける役目は教師の仕事です。子供たちをしっかりと観察し、能力を把握することで、成長の糧となる負荷をかけて励まし伸ばすのが教師ですから。現代の子供たちは多様なストレスにさらされているという指摘があります。事実そうなのでしょう。しかし、だからといって、したいことだけをして、したくないことはしないという日々を過ごしていては成長どころか、自己中心的なわがままが助長されるだけです。発達段階に合わせて必要で適切な負荷をかけて挑戦させ、努力をしたり、苦労をしたり、協力したりすることでハードルを乗り越える経験をさせていくことは重要だと考えます。それこそが教育の本質だろうからです。そこには「信頼」が必要です。教師は、子供にとっての「信頼のおける他者」でなければならないのです。そのためにも挑戦する大人である必要があります。大人であっても挑戦することを続け、その際に信頼のおける他者をもつことが大事になります。

挑戦すると自分の力が高まるというだけではありません。きっとそこで新たな人との出会いも生まれるはずです。それがまた次のステップへの架け橋になります。確実に実りが得られるはずなのです。

まずは尻込みせずに「挑戦しよう」。それは若手教員の特権でもあります。

第三条　悩み、失敗し、不甲斐なさを自覚しよう

挑戦をすることの価値は、もう一つあります。それは、何かこれまでに経験したことのないものに挑戦してみることで、「悩み、失敗し、自分の不甲斐なさをイヤというほど知ることになる」からです。それが大切なのです。挑戦の先には、大いなる失敗とわずかばかりの成功があることでしょう。そして学びの機会は、わずかばかりの成功にではなく、おおいなる失敗の部分にあるものです。そのことに気付けるかどうかです。

なぜ上手くいかなかったのか、どこがよくなかったのか、そもそも出発点から違っていたのではないか、自分にはこのことに挑戦する力がまだないのではないか、などと悩むでしょう。けれど、その悩みや不甲斐なさの自覚こそが、実は「学び手」であり続ける原動力になるのではないでしょうか。

子供に教える者こそが、教わることのできる人でなければならないのです。「進みつつある教師のみ、人を教える権利あり」という有名な教育界の名言があります。ドイツの教

育学者ジュステルリッヒの書物が出典だといわれています。広く親しまれているということは、この言葉に共感する人が多いからでしょう。進みつつある教師は、もっと指導力を身に付けたい、子供たちに「できた・分かった」と感じさせたいと努力している人でしょう。それは自らの力が十分ではないことを自覚している証拠です。それこそが、伸びようとするエネルギーとなるのです。自らの力の不足に無自覚な教師から教えられる子供ほど、不幸なことはありません。この「どうしようもなほどの不甲斐なさ自覚」は、成長する教師に必須のものだといえるのです。教師という職業の者は、子供たちを相手にしているからこそ、その自覚を忘れてはならないと思います。挑戦し、前進し、壁にぶつかることを恐れず、力の不足を自覚し、そこに改善の一手を加えることで、成長の一歩を踏み出すことができるのです。

例えば、研究授業に挑戦したとしましょう。多くの場合、授業の前準備に相当の時間と労力をかけます。教材研究をし、教材開発をし、指導案を作成し、その指導案を多くの先生方に検討してもらい、修正し、模擬授業をし、教材を作成し、細案を考え……などと。そして、研究授業当日は、緊張の中に多くの参観者の目にさらされながら何とかやり終えます。授業の後にきっと「やり遂げた感」を味わうことでしょう。大きな挑戦を終えた後の心地よさに浸ります。けれど、実はそこで終わっていては、この挑戦の価値は半分なのです。例え参観者から「いい授業だったね、お疲れさん」と言われたとしても、「ありがとうございます」で終わっていては、折角の成長のチャンスを放棄しているようなものです。

研究授業は、むしろ事後が重要です。参観者から歯に衣を着せぬ意見をもらい、どんな細かな点でもいいので、改善のための振り返りをしなければ、意味がないのです。上手くいかなかった授業なら、それこそ学ぶ材料はたくさんです。そのためには「歯に衣を着せぬ意見」を言ってくれる人をもつことです。まだまだ成長できるということを自覚させてくれる耳の痛い人です。挑戦を成長に結び付けるには、挑戦した後を大事にしましょう。

第四条　働き方を工夫しよう

教師の仕事は多岐にわたります。学習指導だけではなく、生徒指導もありますし、諸帳簿などの作成もあります。校務分掌の仕事も多様です。もっと授業のことを考えたり、学級経営の内容の検討をしたいのに、「雑務に追われて時間がとれない」などという声を聴いたりします。けれど実際には「雑務」という仕事はありません。「業務を雑にやるから雑務になるのだ」という言葉があります。私たちは教育公務員なので、法に定められた業務は遅滞なく遂行する義務がありますし、担当分掌は責任をもって取り組むべきなのです。それではどんな業務にもまんべんなく十分な時間をかけてやるべきか、というと、そうではありません。働き方を工夫して効率よく業務を進めていくことは重要です。ルーチンの業務こそ工夫のしどころはあるものです。

例えば毎月報告する業務があるのであれば、フォームを作って、変わる部分だけを書き込んで提出するという方法もあるでしょう。何も毎回一から作り始める必要はないのです。

また、何曜日のこの時間はこの業務に充てると決めて、その時以外は考えないという意識のもち方も工夫の一つです。さらに、締め切りのある文書なども、何も締め切り近くになるまで待つ必要はありません。早い分には何も問題はないのです。学期末の通知表の所見や年度末の指導要録作成なども、その時にならないと書けないものではないのです。日々の記録の仕方を工夫したり、書き方のルールを決めたりすることもできます。

「働き方改革」という言葉が社会に広く使われるようになってきました。その最たるものは「退庁時刻を早くする」とか「休日を多く取る」とかです。それはもちろん大切です。ワークライフバランスを上手に取ることは必要なことです。けれど、それだけでいいのでしょうか。仕事のクオリティを落として早く帰ったり、子供のことや授業の質を落としてまで休日を多く取ったりしては本末転倒です。「働き方改革」は、働き方を工夫して、クオリティを落とさずに効率的に進めることが大切なのだと思います。

そうして、効率よく仕事がはかどったときには、早く退庁し、自分の時間を有意義に過ごすことです。そうすることで、次の日の仕事へ向かうエネルギーになります。元気な姿を子供たちの前に見せることができるのです。

ただ、矛盾しているようですが、若い時期の働き方は、ある意味、若いからこそできる、というスタイルでもいいのではないかという思いもあります。無駄と思われるようなことに時間をかけたり、効率とはほど遠いような手間暇かかることを経験したり、体力に任せて頑張ったりすることができる時期だからです。そういう無理が常態化してはいけませんが、「あの授業の前は、とことん頑張った」という経験は、決して無駄にはならないからです。

第五条　指導記録簿を有効利用しよう

働き方の工夫の一つとして、ルーチンの業務を有効利用することを提案します。例えば、「指導記録簿」です。日々の授業の予定を記し、その結果を記入し、必要があれば修正し、一週間を振り返って記録を残すというものです。この指導記録簿を授業づくりや学級経営と連動して使うのです。提出日が指定してあって、その日が近付いて慌ててまとめたり、感想を記入したりしようとすると、何か別の業務が入り、たまってしまうということはなかったでしょうか。まずは「頻繁に開くこと」「こまめに書き込むこと」を勧めます。何もきれいに仕上げて提出しなければならないものではないのです。頻繁に開いて、授業の進度の確認をし、適宜修正をしたりします。単元計画通りにはなかなか進まないものです。その後の展開も、教科によっては先まで書いていていいのです。

また、記録の部分も日々の困りごとや心配ごとも記入してあっていいし、行事や活動で頑張った子供の姿も書き込みましょう。週末にまとめてその週の所感を書くというタイプもあります。私は毎週タイトルを付けてそのことでの所感を書いていました。いずれにしろ、使いこなすことです。そして、提出日であろうとなかろうと、毎週出すのです。管理職としては、まとめて1か月分見せられるより、毎週見せてもらえた方がありがたいです。学校としての関わりが必要だったという場合も既に済んでしまったことではどうしようもないからです。事が大きくなる前に察知できることもあるのです。指導記録簿をルーチンにして有効活用できれば、それだけで一つの気になる業務は減ります。工夫のし甲斐があるものです。

また、この指導記録簿は、自分自身の教員として自分史となります。学校に保管すべき公簿ではなく、年度末には個人の元に返されるものですから、保管していくことで自らの教員人生の足跡を残すことになるのです。

私は初任者の頃からの記録簿をすべて保管しています。そこには、若手教員だった自分の空回り具合が恥ずかしいほど鮮明に記録されています。次第に学校全体へ目配りができるようになった少し成長した記述がみられたり、逆に、どれだけ自信過剰で横柄だったかが思い出される年度もあったりします。また、それら一冊一冊には、当時の管理職からのコメントが残されています。当時励まされた言葉は、いつ見ても宝物です。ありきたりのコメントには心が動かされなかったなという思いは、自分がコメントをする際の反面教師にもなります。つまりは、指導記録簿の中に、その一年の「思い」が綴られているのです。そうなるような記録簿にすることで、価値ある本物の資料となります。どうせ取り組まなければならないものなら、自分の足跡になるように記録してみるというのはいかがでしょう。

第六条　先輩教員からたくさん盗んで真似しよう

授業の進め方や児童の前での話し方など、子供を惹きつけ、高め、伸ばせる教員にはたくさんの指導技術や小技、言葉の巧みさがあります。どんどん盗みましょう。そして使ってみましょう。すべてがそのまま使えるものではないはずです。その先生だからできることというものはあるからです。けれど、アレンジしたり、自分なりに解釈して手を加えたり、その考え方や発想を生かして新たなものを作り出したりすることはできます。

また、教師の姿そのものだけではなく、教室環境や掲示、宿題の出し方やチェックの方法なども学べることが満載です。授業のあとに職員室まで戻る間に全教室の板書を見ながら遠回りしてもいいでしょう。板書には授業のエキスが詰め込まれていますから。つまり、「意識をもって人や物事を見ているか」どうかなのです。

そうして憧れの先輩をもてると幸せです。なぜその先輩に自分は惹かれるのかを分析すると、自分の非力をまた自覚できるでしょう。そうすることでその足りなかった部分を高める努力をするきっかけとなります。たくさん盗んで、たくさん真似することから、自らの力は高まります。人から盗み真似するというのは、学びの基本です。学ぼうとする心が自分の中にあるかどうかです。

私が最初に新任の頃に自覚的に学んだのは、挿絵の提示の仕方でした。

研究授業を前にした模擬授業を、先輩の先生方を前に展開していたときのことです。その学校では伝統的に模擬授業は授業者の「一人芝居方式」でした。つまり、自分で発問し、自分で答え、自分でそれを受けて展開するという方法です。発問が不適切だったり、児童の反応があり得ないものだったりすると、そこでストップがかかり指導を受けるのです。

3年生の国語の模擬授業。目の前には先輩方がズラリと座っています。児童役ではないので、まるで面接を受けているようです。始業の挨拶をした後、私はこう切り出しました。「さあ、今日は3場面だったね」そう言いながら、3場面の挿絵を出して黒板に貼ったのです。するとそこで「ストップ！」の声。40代の研究主任です。「え？」と声を出してしまいました。まだ、何もしていません。ただ挿絵を出して貼っただけです。それのどこがいけなかったのか。主任は私のすぐ上の先輩を指名し、「やってみて」と言いました。先輩は突然の指名にも驚かず「はい」と言って立ち上がり黒板の前に立ってこう始めたのです。「さあ、今日は3場面だったね」と言いながら、挿絵を正面の子へ見せ、ゆっくり右側の子へ、そして左側の子へ、後ろの方の子も意識して見せながら、黒板に貼ったのでした。挿絵を提示一つにも意図と技がある。刺激を受けた私は、それから先輩方の授業を見る視点が明らかに変わりました。たくさん盗んで真似しよう、と意識した瞬間でした。

第七条　研究協議会で発言しよう

校内研修での研究協議会では「必ず最初に手を挙げる」ことを自らに課しましょう。それくらいの意識で臨むことです。それは、「何か発言するぞと意識して参加する」ということです。ワークショップ型の研修であれば、最後にグループ代表で紹介をする場面があるでしょう。そこで、やらせてくださいと買って出ることです。そうして、自らの参画意識を高めることが大事です。難しい話題もあるかもしれません。今の自分の手に届かないように思えるかもしれません。それならそのことを武器にして、尋ねればいいのです。それが若手の特権です。意外とその率直な質問が重要だったりするものです。当たり前の常識を破る発想が生まれたりすることもあります。尋ねることを恐れる必要はありません。

この「研究協議会で発言する」は、他校の研究発表会でも挑戦してほしいことです。市町や県の研究発表会の研究協議会となるとハードルは上がります。それでも何か発言をするという覚悟で臨むことです。そういう意識で参加すると見え方が変わります。何を尋ねようか、どのタイミングで切り出そうか、最初はどのような言い方で発言すべきものなのか、など他の人の発言も真剣に聞くようになるでしょう。若手のうちに習慣にしたい能力の一つです。

自分が発言するとしたら……という視点で臨むと、発言者のカラーが見えてきます。参加した研究会にとても好意的な姿勢で捉えているという発言もあれば、最初から敵対心丸出しであら探しをしようとしているような発言もあります。あまりにもほめちぎるような発言には辟易しますが、攻撃的で場の雰囲気を重くするような発言者も迷惑です。

どのような研究会にも学ぶ点はありますし、そういう点を探しながら参加することが自分自身のプラスにもなるでしょう。心地よく、質の高い発言者は、最初に自分自身の学びを語ることでしょう。「研究内容の○○という取組は今後本校でも是非取り入れていきたいと思える考え方でした」とか「4年生の授業の話合いでは、どの子も自分の考えをもって臨んでおり、意見が途切れることはありませんでした。日頃の熱心なご指導の賜ですね」などと切り出し、「ところで、2点、お尋ねがあります」などと問いかけるというスタイルです。

そんなに質の高い質問はできないので、発言なんてとてもできない、と思っていたらいつまでもできません。感心されようなどと欲を出さずに、率直に自分の疑問をぶつけたらいいのです。そのためには、早めに発言をすることをお勧めします。

どうしても思いつかないようなら、奥の手があります。それは公開授業の前後を尋ねることです。「今日の授業に至るまでに苦労された点」や「今後の展開でポイントとなるところは」などの問いです。まずは進んで発言すること。最初の一歩が肝心です。勇気をもって。

第八条　得意分野の「芯」を持とう

小学校の教員は、全教科領域を指導できる力が必要です。自分自身の得意不得意はあっても、指導する上での得意不得意がいつまでもあってはなりません。そうならないように努力をすべきです。しかし、そうは言ってもオールマイティを目指す必要はありません。何か「これは大事にしたい」というものをしっかりと得意分野の「芯」として持っておくことです。私はそれが「国語」でした。一つ持っておくと、他の教科領域の指導や授業の見方にも反映してきます。根幹は共通しているのです。また自分の中にぶれない芯となるものを持っていれば、他の教科を見ても学ぶことがたくさんあることに気付きます。自分の専門に反映させることができるヒントを見つけることができるようになるのです。

何を選ぶかは、様々です。大学の専門教科を貫くこともあるでしょうし、学校での校内研修をきっかけに継続して研究をする人もいます。校務分掌で関わったことからその後目覚めたという場合もあります。最初は別の教科だったけれど、途中から変わったという例もあるものです。いずれにしても、何か一つもっておく、ということで、その選んだ専門領域での人脈が、さらに幅広い学びの機会となっていくことでしょう。あなたは何を「芯」にしますか。

では、「これにしよう」と決めたら、何をすればいいでしょうか。私自身が行ってきたこととしては、次のようなことがあります。順序があるわけではありません。できることから始めてみましょう。

- 公言する
- 長けている先輩に学ぶ
- 本を読んで学ぶ
- 勉強会やサークルに所属する
- 自主研究授業を行う

特別なことはありません。常に選んだ教科なり領域なりのことを念頭に置いておくことです。アンテナを張って実践を積んでいれば、きっとその教科や領域の仕事や誘いがやってくることでしょう。そのためにも「公言する」ことは重要です。また自主的に自分なりに指導案を書いて研究授業を行うのです。指導案は管理職の先生方には手持ちで参観をお願いしましょう。また職員室のすべての先生方の机上にも置き、「よろしければご指導ください」とメモをしておくと必ず声をかけてくれる先輩がいます。そうなれば、しめたものです。

第九条　仕事の中に「楽しみ」を見つけよう

仕事は楽しいでしょうか？　辛いでしょうか？　教育の仕事は、これからますます難しくなってくることは間違いありません。いろんな制約もそうですし、保護者対応の難しさもあるでしょうし、社会そのものが先が見えない状況ですし、学習指導要領も改訂されます。けれど、私は「教育の仕事はやり甲斐がある」と感じています。とても創造的でワクワクするような楽しみを感じられる仕事であると思うのです。

もちろん具体個別に見ていくと、頭の重い案件もあります。どうしようもないもどかしさを感じることもあります。無力であることを痛感させられることもたくさんです。そんな中に、しっかりと「楽しみ」を見つけることです。それは、子供たちとの何気ないやりとりかもしれません。しっかりと考えた授業で「分かった」と喜んでくれる姿かもしれません。先生方とのつながりで得られた連帯感かもしれません。大変さを乗り越えた先の喜びかもしれません。

子供たちは日々小さな成長をしています。それは本当に小さなものかもしれませんが、できなかったことができるようになったり、勇気を振り絞って挑戦したりしているものです。その小さな変化、変容、成長を見逃さないという意識をもって、仕事の中に楽しみをしっかり見つけること、それができれば、とても前向きで明るい教員人生を送ることができるだろうと思います。

では、どこに楽しみを見つけたらいいのか。いくつかのポイントを示しましょう。

・子供の成長の姿に
・同僚の先生方とのつながりに
・保護者や地域の方々との出会いに
・困難さ、苦労、我慢、ハードワーク、悩みの先に
・そして、自分の成長の足跡に

「子供」「同僚の先生方」「保護者や地域の方々」との出会いやつながりは、すべて「人との絆」です。教育の仕事は、人との関わりの上に成り立っています。人との軋轢により苦労もありますが、人との関わりを避けては「楽しみ」もありません。そういう意味では、

自分と関わる人との間によりよい時間を見つけたいものです。

その過程では、「困難さ、苦労、我慢」もあるでしょう。全く感じないというのなら本気で付き合っていないのかもしれません。しかしそれらの先にはきっと「共感、和解、理解、信頼」という喜びが待っています。仕事の大変さも同様です。悩みの先には光があります。

そうした日々の積み重ねを時々振り返ることで、自らの成長を確認できるでしょう。

第十条　師をもとう

最後の条文は「師をもとう」です。憧れの先輩、目指すべきモデル、というだけではなく、「この人の前では、背筋が伸びる」「ウソやごまかしは通用しない」という人をもつことです。

例えば、子供がどうしても言うことを聞かないとき、何度注意しても改善しないとき、強く叱責をすることがあるでしょう。その時に「師が見ていても同じようにできるか」と自問します。「できる」という叱り方なら、絶対に体罰や暴言であるはずはありません。怪しいようであれば、それは感情的になってエスカレートしそうな状態かもしれません。そういう「師」です。

また、師とは、「この人に授業を見てもらえば、今より高見に導いてもらえる」という人です。「この人の前では、ウソやごまかしや取り繕いは一切通用しない」という人です。けれど、厳しいだけではありません。「この人に認めてもらえれば、大きな自信になる」「この人の言葉を聞けば勇気が湧いてくる」という人でもあります。そういう人と出会えたら幸せです。

しかしだからといって、すべてにおいて師を意識し、師の真似をし、師を唯一の拠り所としていようものなら、真っ先に「自分らしさを失うな」と叱ってくれるような、そういう存在の人です。

年齢ではありません。師というからと言って、年配でなければならないわけではありません。そういう資質をもつ人です。また見つけたからと言って「弟子にしてください」と入門する必要もありません。心の師であればいいのです。

そういう意味では、実際に目の前にいる知り合いである必要もないのです。いろんな書物を読む中で出会った著名な人でもいいし、全国に名の知れた先生などでもいいのです。また、既に他界されている方でも師になってもらうことはできるのです。

そうして、教育者であることの範を示してくれる人と出会ってほしいと思います。できれば若いうちに。もしかすると師と仰ぐ人にもまたさらに師が存在するかもしれません。そして師の師に出会う機会も得られるかもしれないのです。

教員の世界には深く長い歴史の川が存在します。その中には確かな名もなき本物の教員がたくさんいるのです。出会いは自らが求めなければ得られません。この人こそはと思える「師」をもちましょう。それはおそらく、教師としての「質」を高めてくれる大切な出会いとなるはずです。

第2章
中堅教員十か条

第一条　まず動き、動きながら考えよう

ここでいう「中堅教員」とは6年目くらいから15年目くらいまでの教員です。年齢的には、30代半ばから40代半ばのイメージで考えています。とはいうものの特に指定があるわけではないので、若手教員が読んでもらってもいいし、ベテランの域に入っている教員や管理職が生かしてもらってもいいのです。要は「心も体もフットワークよく動ける時期」の想定です。学校での仕事は十分理解できているし、自分のスタイルもほぼ確立していると言える。プライベートでも社会の中に立ち位置をもち、いわゆる「仕事をもつ大人」として自他共に認められている存在という年代です。

中堅教員の最大の強みは、執務能力の高さとフットワークのよさです。とにかく「動ける」ということです。この時期は、学校内だけではなく、学校外でも動きを活発にしましょう。もう既に何度かの転勤を経験し、「学校で働くということ」「教員として生きるという

こと」がどういうことなのか大方つかめてきた頃でしょう。つまり意図的であろうが無意図的であろうが「考えながら、動ける」ようになっているはずです。

しかしそうなると危険なのは「考えすぎて動けなくなること」です。そういえば、若い頃のようには、さっと動くということがなくなってきたなと思ったら、あえて「まず動く」ことをもう一度取り戻してみましょう。「よく考えてからしか動かない」とか「よく考えた末に、結局動かない」ということよりも、「まず動く、そして動きながら考える」というスタンスをもつことです。中堅教員は、まだまだ動く時代なのですから。

では、どんな場面で「動き」を意識したらいいでしょうか。例えば次のような時です。

・若手教員が失敗したり、悩んだりしている場面
・自分が直接関わりのない学年の子供や保護者が困っている場面
・管理職が何か新しいことを提案した場面
・突発的な事案が発生した場面
・職員間に活気のない空気が蔓延していると感じた場面

持てるスキルや経験を生かして、主体的に「動いて」みてはいかがでしょう。特に自分

の役割でもないし、誰の担当でもないのだけれど、誰かが「動く」ことで、空気の流れが生まれ、雰囲気が明るくなるのであれば、その風を起こす主体者になってもいいと思うのです。それだけの経験と力があるのが、中堅教員ですから。遠慮はいりません。

第二条　守りに入らないで、攻めよう

「自分の持ち味はこうだ」「このことを専門として頑張ろう」と意識してくるのが、中堅教員の時期です。これまでの経験を生かし、培ってきた専門教科の指導や得意な業務が見えてくる頃です。しかしそこにも落とし穴があります。今考えている「持ち味」は、ある一定の期間の中で自分で見えてきた自分の姿です。そこにはまだ未開発の可能性の部分があるかもしれません。自分の力量はこれくらい、と自己判断をしているのであれば、それは「守り」です。まだまだ「攻める場所」はあります。

「学校のことが大体分かってきた」というのも、この中堅の時期です。おそらく、学校で遂行しなければならない業務の大抵のことは「そつなくこなす」ことができるようになっていることでしょう。少なくとも若手の頃のように、次は何があるのか分からない、不安だ、どうしたらいいのだろう、と右往左往しながら不安な毎日を過ごしているわけではないはずです。

例えば、研究授業などでもこれまでの成功体験を基にすれば、ある程度無難なものはできるはずです。指導案もストックがあるでしょう。けれど、だからこそ「攻めてほしい」と思います。失敗を恐れず、失敗からこそたくさん学べるという気持ちで、挑戦的な、実験的な、先進的な取組を求めてほしいと願うのです。

そのために必要なものは「外圧」です。外からの依頼であったり、経験したことのない校務や役割を引き受けることであったり、外へ向けて「宣言」して取り組んだりする、というものです。

名指しで外部から依頼を受けたりしたら、今の自分の力でできるかどうかと考えることなく、とにかく引き受けてみるのも一つの手です。受けてから考えたり、勉強したりすればいいのです。名指しで依頼を寄せてくれるくらいなので、「この人なら」と見込まれているわけです。引き受けてから勉強するなど、失礼なようですがそうではありません。手持ちの力で軽く片付けることこそ礼を失します。少々ハードルは高い方がやり甲斐も感じられるはずです。校務や役割も経験のないものを任された時は「やったことがないからできない」ではなく、これを機に前向きに取り組んでみることです。仕事には向き不向きはない、あるのは「前向きか、後ろ向きか」だと言われます。まだまだ動ける中堅です。前向きに取り組んでみましょう。また、外へ向けて「これをやってみるよ」と宣言をして新たなことに挑戦することも、自分から外圧を生む方法の一つでしょう。できたかできないかではなく、その挑戦心にこそ価値があると思います。守りに入るには早すぎます。攻めましょう。

第三条　甘え上手になろう

中堅時代の面白さは、文字通り年齢構成的に上にも下にも同僚がいるということです。地域や学校によっては年齢構成も様々でしょうが、若手も入ってきた、先輩もいる、中には、一旦退職をされて再任用で戻ってこられた大先輩もいたりする時代です。そういう先輩教員に対して、甘え上手になることです。

別に、具体的に何かをしてもらうとか、食事をごちそうしてもらうとか、飲みに連れて行ってもらうというようなことではありません。（それはそれで楽しいことですが）

一つ目は「教えを請う」ことです。指導技術や小技、独自に作成した教材教具などをたくさんもっている方がいることでしょう。子供を惹き付ける魅力や、子供や保護者に届く言葉かけや仕掛けも長年培った財産として身に付けているはずです。そういう財産を継承していくことを中堅時代には意識しておきたいものです。もちろん時代の変化によりそのままでは使えないものもあります。けれど、先輩の先生方が中堅や若手の頃に一生懸命に考えたり開発したりしながら獲得し、長年使ってきたものです。今の子供たちに合うように上手くアレンジしたり手を加えたりして使えるはずなのです。教えを請うことは、そういう先輩方を元気付ける方法でもあります。生き甲斐を感じて熱心に指導してくださるでしょう。

二つ目は「教育観に触れる、人生観に触れる」ことです。子供たちが大人になる頃には今ある職業がかなり変わっているだろうという近未来の予測が話題になっています。ではどんな仕事がなくなり新たにどんな仕事が出てきてどんな社会になっているのかというイメージは湧きません。子供が減り高齢者が増えている時代です。生産年齢人口が減り要介護人口が増えるということも頭では理解しているつもりですが、日々の暮らしに落とし込んだイメージを描けているわけではないのです。しかし、予測されている近未来が突然ポンと現れるわけではありません。変化は徐々に、けれどかなりのスピード感をもって現れることでしょう。これからどうなっていくのか、そんな不安を先輩と語り合うのです。長い経験を積んだ先輩たちの若かりし頃は、それはそれでまた今とは違った世の中だったはずです。異なる価値観の社会だったことでしょう。けれど、見える世界が違っても、異なる価値観が支配していても、脈々とつながってきた「教育観」があるはずです。時代の変化を生きてきた先輩には、時の流れに関わらず変わらぬ「不易」を体感しているはずです。最先端の企業の論理からすると、公教育はかなり「不易」を尊重する組織です。人が人を育てるという人間の原点が教育であるなら、過去や歴史から学ぶものはたくさんあるはずなのです。甘え上手になって、「不易」を学ぶと共に、これからの変化に対応できる知恵を学びましょう。

第四条　先輩風を吹かそう

後進を育てる、というと大げさですが、後輩や若手に刺激を与えられる存在になりましょう。ひとことで言うなら「先輩風を吹かせよう」ということです。

教員の世界では経験値は重要です。人に関わる仕事なので、誰かとまったく同じ経験をすることはありませんが、指導が難しい子を抱えたり、関わりが上手くできなかった保護者に対応したという経験などは誰もがあるものでしょう。また、思わぬ喜びを子供の言動から感じた経験や頑張って取り組んできてよかったと感じたことなどを若手に真剣に伝えることも大切です。生きた素材を提供できるはずです。

特に伝わるのは失敗談です。失敗談からは学べることがたくさんあるからです。聞き手も、今はいかにもしっかりとしていそうな頼り甲斐のある先輩の大失敗には興味津々で聞き入るはずです。みんな悩んで苦しんでもがきながら成長してきたのだということに共感がもてるからです。

気を付けたいのはあくまでも「語り」であって、「説教」や「指導」ではないということです。先輩の話から何を学ぶか（または、学ばないか）は、受け取る側次第でいいのです。あくまでも「風を吹かせる」のであって、「圧をかける」わけではないのですから。つい話の後に「だから、君もこうしたらいいよ」とか「あなたのやり方だと上手くいかないと思うわよ」などと余計なことを付け加えてしまいそうです。ましてや「どうだオレはすごいだろう」と受け取られるような自慢で終わっては、辟易されてしまうでしょう。

また、先輩風を吹かせる方法は何も言葉で語ることばかりではありません。「態度で示す」「姿で語る」こともあるでしょう。例えば、教室の黒板がいつもきれいに拭き上げられていることとか、掲示物が美しく管理されていることとか、退庁した机上が常に整頓されていることであるとか、会議などでの反対意見の言い方に相手への配慮があるとか、率先して授業を公開したりしているなど様々です。または、誰かが大変そうな作業を始めたら自然と体が動いて手伝っているとか、子供や保護者が困っていたら受け持ちの学級や学年でなくてもすぐに対応しているとか、人を近づけないようなピリピリした空気を決してつくらないとかです。実はこれらはすべて私が出会った先輩方の「風」です。そんな風をたくさん感じながら、では自分はどれだけ受け止めてきただろうと振り返ります。

要は、語るべき、伝えるべき何かをもっているということです。つまり「先輩風を吹かせる」ことで、自分のもっているものを棚卸ししていることになるのです。皆が同じ風では面白くありません。それぞれの持ち味を発揮させたいものです。

さて、あなたが吹かせるのは、どんな「風」ですか？

第五条　教え上手になろう

教師は教えるのが仕事ですから、教師の基本的な資質は「教えたがり」です。いやいや私はそんなことはないですよ、と言う人ほど、自分のカラーに染めようとする傾向にあるものです。そしてそのことを自分はあまり気付いていなかったりするものです。ただし、「教えたがり」イコール「教え上手」であるとは限りません。「教えたがり」が自分のカラーに染めようとする、つまり、自分の体験や実践こそが「ベスト」であって、それ以外は認めないという人は結構いるものです。もしくは、「ベストではないもの」であるのに対して、徹底的に批判したりする人もいます。

これに対して、「教え上手」は、学び手の経験や力量に合わせて、今より一歩高みを目指させ、若手の能力を引き出せる人であるようです。具体的に何かを伝えようとすると、それは意外と難しいことに気付くでしょう。まずはその気付きが大事です。子供に教えることが多い教員という人種は、大人に教えるときも同じようについつい子供扱いしてしまいがちなのです。私がそうでした。やたら丁寧すぎたり、一つ一つ指示をしてその通りにさせようとしたり。本当は子供だってそのような教え方では伸びないと分かっているのに。そこで立場を変えて、自分が教えられる側だったらどうだろうかと考えることも有効でしょう。そして、本当の教え上手かどうかは、「教わった者が成長しているかどうか」を証とすべきです。


教え上手になるには、「教わる体験」をすることも有効です。

私は教職に就いて10年目の節目に教職大学院で２年間学ぶチャンスをいただきました。それまでのいろんな人との出会いによって実現した機会でしたが、人生観を揺さぶられるほどの体験となったことは確かです。

その頃の私は「国語」という教科を自らの芯と定め、自主的な実践も積み、実践発表を行ったり、研究主任として研究を推進したり、飛び込みでの授業を行ったりと、自信をつけてきていた時期でした。私の書いた学習指導案を誰も修正しないのですから、ある意味、天狗になっていたと言われても仕方のない状態だったでしょう。

しかし、大学院で「教師」から「学生」へと戻って過ごした2年間では、あらためて「教える」ことと「教わる」ことを身をもって学びました。まず最初に感じたのは「自分が何と

「自分がいかにものを知らなかったか」ということ。そして1つのことを知ると、2つも3つも知りたいことが見つかる。知らないことがあることが喜びであること、学ぶことの喜びを味わったのです。

では、「教える」というのはどういう行為であるのか。それは学び手に、「学ぶことが楽しい」と感じさせること。学び手自身がそのことを自ら発見することに他ならないと強く感じたのです。

「教え上手」の道は、子供相手であれ、大人相手であれ、奥が深いのです。

第六条　とうてい敵わない相手と付き合おう

授業の上手さにおいても、子供を惹き付ける力についても、仕事の進め方にしても、ああ、これはこの人には敵わないなあと思える人がいるのではないでしょうか。それはとても幸せなことです。いないとしたら、きっと残念な環境にいるのではなく、あなたの目が曇っているのです。少し失礼な物言いになるかもしれませんが、自分より凄いと思える人がいないはずはないと思います。自分に自信を持つことは大事ですし、中堅ともなれば、そうでなくてはいけません。けれど、どれだけ努力し、力を付けたと感じていても、自分の周りにいる人たちが自分より劣っていると感じているとしたら、その感じ方こそが危険です。ものがよく見えなくなっているとしか言いようがありません。曇りを拭い、視野を広くして、周りの人たちの言動とその奥にある「観」を見つめてみましょう。きっと、学ぶべき資質が見つかるでしょう。

全体像として「優れている教師」がいれば、それは幸運ですが、そうでなくても、部分的に「この人はすごい」と思える人は、必ずいるはずです。例えば、「板書の文字が美しい人」「声を荒げなくても子供たちがついていく人」「担当分掌の提案がスッキリまとまっている人」「いつも穏やかにニコニコしている人」「声が凛として通る人」「たくさんの仕事をしているはずなのに、早く帰宅する人」「机の上が整っている人」「何か尋ねたら必ずヒントを与えてくれる人」「一緒にいて気持ちのよい人」……。自分より優れている人を探す目を磨くことで、たくさんの学べる素材が見つかるでしょう。そういう「すごい人」「学べる人」「目標となる人」を見い出し、近付こうとすることは、自分を高めるために必要です。

そんな人たちとの出会いの中で、時に、「とうてい敵わない大きな存在」に出会うことがあります。それは教師としてはもちろんですが、人間の格が違う、というような人です。それは直接の出会いではなく、間接的な出会いから始まるかもしれません。つまり、ついて行きたいと思える先輩が、さらに「師」と仰ぐような人です。

中堅になると、純粋に「先輩から学ぶ」というストレートな関係だけではなく、その先輩が教えを受けた人であったり、感化された書物であったり、歴史上の人物であったりする人との間接的ではあるけれど、衝撃的な出会いを感じたりするものです。上手い表現ができないのですが、若手の頃はやはり目の前の先輩に憧れを感じますが、中堅と呼ばれる年代からは本質を語る人物へ傾倒するようです。「とうてい敵わない相手」との出会いは、今よりさらにステージアップするために必要なメンターとなるに違いありません。

第七条　名指しの仕事は引き受けよう

若い時には、自ら進んであらゆることへ挑戦しようと投げかけました。いろんな挑戦をすることで、知らないうちにいろんな立場の人があなたを見てくれています。そういう時期を経ると、次第に名指しの依頼が舞い込んでくるようになります。それが中堅という時期です。

もちろん自ら進んで挑戦するという姿勢をやめることはありませんが、「名指しの仕事」は是非引き受けるようにしましょう。中には「どうして私が？」とか「その分野はあまり詳しくないのだけれど」と思うような依頼もあるかもしれません。本来行うべき業務がある上に取り組まなければならない仕事ということになりますから、自分への負担や負荷はかかります。しかしそれでも「名指し」されたことには大きな意味があるのです。

逆の場合を想定すると分かりやすいでしょう。つまり「誰かを推薦してください」と言われたとしたら、と考えるのです。仕事の内容が重要であればあるほど、推薦者としての自分の責任において真剣に選定するのではないでしょうか。日頃からよく知っていて信頼の置ける人、この人物なら大丈夫という人、是非この機会に学ばせたいという人の名前を挙げるのではないでしょうか。

あなたの場合もそうなのです。誰かがそうして名前を挙げたのでしょう。誰かがあなたの能力を信じて任せようとしてくれているのです。指名されるほど力がないとか、十分な実践がまだないとか、などと遠慮する必要はありません。指名され、依頼されたその瞬間から学び始めればいいのですから。

自分が考えている能力の範疇で安全に仕事をやろうとすると、それ以上の能力を身に付けることはできません。少し背伸びするくらい、自分にできるだろうかと不安になるくらいのことに挑戦することで、できなかったことができるようになったり、不明のものが明らかになったりするものです。

また、推薦してくれた人の期待に応えるという意識も、能力を高めるための大きなエネルギーになります。失敗してはいけないとか、上手くやらないと迷惑をかけるなどと肩肘張る必要はありません。任せてくれたのですから、伸び伸びと、けれど精一杯のことをやってみればいいのです。

そうして受けた名指しの仕事は、きっとまた連鎖となり次の仕事へとつながります。逆に一つ断ることで、その後のつながりも断ち切ることになってしまいかねないのです。

名指しの仕事を引き受ける。そこから世界が広がります。

第八条　自分の考えを発信しよう

発信することの意義は、発信する側にこそあります。それは受け手からの様々な反応をもらえるからです。理想は「辛口」のコメントをもらいたいものです。まだまだだね、もっとやれるだろう、さらなる高みを目指せ、そんな指摘を与えてくれる存在がいるとしたら、それはとても幸せなことです。あなたにはまだ「のびしろ」があることを教えてくれているからです。

中堅どころになると、自分の考え、実践、教育観が明確になってくる時期です。もちろんまだ完成には至りませんし、完成という状態があるのかどうかも分かりません。しかし、ある程度の経験年数を重ね、自分なりに手応えを感じるものをつかんだならば、それをどんどん発信すべきです。そうして、批評を受けることで、自分を見直すきっかけにしたいものです。発信する相手と方法は、子供であれば授業や日々の学校での関わりの中で、保護者であれば通信や懇談会や相談があった時など、同僚教師であれば研究授業や発表、実践のまとめなどで発信するのです。そうする中で、社会へ広く発信する機会もできてくるでしょう。そしてその後のフィードバックと、自分自身による振り返りをすることで自らの力に必ずなるのです。

私が受けた忘れられない辛口コメントがあります。それは国語教育の研究会で実践発表をした時のことです。その研究会は、幼稚園・保育園・小学校・中学校・高校・大学の教員や関係者が一堂に会して「ことばの教育」を考える会でした。小学校国語科の発表者として実践発表をする中で、私は当時の新しくなった学習指導要領・国語編を自分なりの観点で分析して整理した資料を根拠にしながら組み立てた実践を報告しました。教材分析からスタートするのではなく、その大前提として新学習指導要領に着目し、それを自分なりに整理しているところは、私なりの工夫点でしたし、セールスポイントの一つでした。

質疑応答でもその部分を評価する発言が続いていたのですが、ある方がこのような問いかけをされました。「なぜ、学習指導要領を根拠、拠り所、大前提とするのですか？」というものです。否定的な発言でした。「目の前の学習者と、指導者である教師自身の中に、国語教育の核がなければならないのではないか」という趣旨の意見でした。予想もしない強い意見に「公教育においては学習指導要領を根拠とすることは重要だと思っています」

というような回答をしましたが、自分の中では大きく揺さぶられたコメントだったのです。意見を言われた方は定時制高校の夜間部の先生でした。その先生のいる世界では、学習指導要領を拠り所として一般的なカリキュラムで指導できるような生徒ではないのです。生徒と向き合っている教師自身の中に確たる信念や教育観がなければ、学習が成立しないのでしょう。教育の世界にいながら、それはとても狭い範疇でしか物を見ていなかったことに気付かされる一言だったのです。

私がこの研究会で実践発表をしていなければ出会えない指摘でした。また、学習指導要領を自分なりに分析・整理したりして工夫を凝らさなければ出てこない話題だったのだと考えると、発信によって得られた新たな視点であったといえます。いろんな場で、いろんな人へ向けてどんどん発信していこうと思えた経験でした。

その後も、研究授業や実践発表などを積極的に行ってきましたが、自らの実践や考えの発信の媒体として、「国語実践ノート」というものを作り始めました。

これは、教職に就いて7年目から始めた取組です。その1年間で発信したものをまとめて残す、私家版研究紀要なのです。始めた当初は、その年度に作成した指導案やワークシート、実践発表などをしたらその資料や原稿などを印刷して綴じていました。20ページほどの資料集を10部か20部くらい作って同僚の先生や他校の知り合いに配って見てもらっていました。作成の目的は、人に見てもらい批評をいただくことと、何よりも自分の足跡のまとめをするためでした。この実践ノートを見れば、その年度にどんな実践をしたか、どんな考えでいたかを思い出せるからでした。その後、毎年度作成を続け、現在26集となりました。26年間の歩みです。

今では200ページを超えるようになり、部数も120部作成し、多くの仲間に配布しています。その年度に共に仕事をした人たちやこれまで長い付き合いをしてくださっている方々に、勝手に送りつけます。誰に送るかを考えるのも楽しみなのですが、返ってくる反応がまた大きな喜びなのです。届きましたというお礼のメッセージにも近況が書かれてあります。このページに興味をもったという具体的な返事にはしっかり読んでいただいた手応えを感じます。すべてに目を通したレポートもありますし、自分の実践に生かしていますという報告には舞い上がるほどの喜びをかみしめています。発信し続けることで学びが深まるのです。

第九条　学校を動かそう

学校は校長が動かしているのではありません。ミドルリーダーが動かしているのです。もちろん学校経営という視点からヴィジョンを示すのは校長であり、その舵取りの責任者は教頭という職にある人たちです。しかし、実際に学校を動かしているのはミドルリーダーである中堅教員や教務主任であると私は考えています。それは「動かしている気」なのかもしれませんが、それでも、ミドルリーダーの発想が生かされ、生き生きと学校経営に参画している学校は優れているのです。それはある意味、いい管理職の存在でもあるのでしょうが。

さて、それでは具体的に、「学校を動かす」とは、何をどう動かすのでしょう。

・子供たちを動かす
・職員集団を動かす
・教育内容を動かす
・仕組みを動かす

子供たちが意欲的に動いている姿は学校を活気付けます。低学年の児童のくったくのない笑顔と貪欲なまでの学びへの集中を引き出せる教員は優秀です。型にはめて「大人にとって都合のいい子」を作り上げるのではなく、子供本来の良さを引き出しながらも、よりよき方向へ導くことができるのは中堅教員の優れた指導によってこそ可能です。中学年はさらにエネルギッシュです。中学年の重要性を認識している教員は感度の高い感性をもっている人です。学びへの喜びや意欲も、生活への節度も、素直さや真面目さや優しさなどの資質も、中学年で大きな分岐を迎えることになるからです。この時期の指導は丁寧かつ、ダイナミックでなければなりません。そして高学年の存在です。高学年は学校の顔です。子供が自分の学校への誇りをもち、学びや生活に前向きな姿を見せてくれるような指導、個々の持てる力を最大限に発揮させる刺激を与えてくれるような中堅教員の経験と知恵と熱意は、まさに学校を動かしていることに他なりません。

また、中堅教員の横のつながりは、職員集団そのものの動きと連動します。若手もついてくるでしょうし、ベテラン教員の賛同と協力も得られるような動きができると頼もしいこと限りなしです。自校の特色ある教育内容を創造したり、働き方そのものをより効率的に、より生産的にと仕組みを動かす役目を担う者もいるでしょう。

実質的に学校を動かしているのは、あなた方、中堅教員であるという自負をもちましょう。

第十条　師に迫ろう

若手教員には「師をもとう」と呼びかけました。中堅教員には、憧れを抱いた師を仰ぎ見るだけではなく、その「師の実像」に迫ってほしいのです。迫るためのアプローチの仕方は2つです。1つは「実践レベル」で、2つめは「思考レベル」でです。

「実践レベル」で迫るには、憧れの師がどんなことをしたのか、自分と同じ時期に何に取り組んでいたのかという実践そのものに迫ることもできるでしょう。追試をしたり、アレンジを加えたりして、今という時代に合わせて再現してみるのです。もちろん容易なことはないでしょう。中堅教員となれば、いろいろな役割も増え、ただでさえ忙しいでしょうから。けれど、だからこそ、なのです。忙しさに飲み込まれ、翻弄される世代だからこそ、憧れとして抱いた師の姿を忘れずにいてほしいと思います。

「思考レベル」で迫るとは、師の考えに思いを致すことです。偉大に思える氏も人間です。

人間であるからには悩みもし、挫折も味わい、悔しさに歯噛みしながら耐えた時期もあったはずです。またそれらを乗り越えたからこその偉業があるのでしょう。師の成長過程では何を考えていたのか、何を支えにしていたのか、どのような考え方をすることで、前に進んできたのか、ということに触れたり、思いを馳せたりするといいでしょう。

2つのアプローチで師の実像に迫っていくことで、自らの非力をあらためて感じることになるかもしれません。しかし、非力の自覚からしか、人は学ぶことはできないのです。そしてどんな小さな学びでも、自分を見つめ、獲得した学びがあれば、一歩前進したことになるでしょう。きっと、憧れの師も、そうやって高みを目指してきたのですから。

そうして師に迫っていく、そういうイメージを持ちながら師と語り合うことができるなら幸せです。師と仰ぐ人はもしかしたら、こう言われるかもしれません。

「いやあ、今のあなたの方がよほど立派だよ」と。

そう言われるともちろん悪い気はしません。それどころか、舞い上がりたいほどの喜びです。しかし、こうも考えられます。もしそうだとしたら、今のままで安住してはこれ以上の成長はないということなのです。よほど立派と言われている「今」も、今のままではそのうち普通になってしまいはしないか。また、こうも考えられます。若い年代の者を見たときに同じ年の自分と比べて「よほど立派」な若手がたくさんいるのではないか。そうなら彼らがさらに努力したらあっという間に追い抜かれてしまうのではないか、と。

おそらく、あなたが選んだ「師」はそういうこともすべて承知の上なのです。迫ろうとすればするほど、さらに遙か高みで手招いてくれているのです。だからこそ、師に迫ろう!

第3章
教務主任十か条

第一条　見える世界が変わったことを楽しもう

初めて教務主任になった時に味わったのは「喪失感」でした。自分の学級がない、始業式までに名前を覚えるべき子供たちがいない、学級開きの準備や学級通信を書くこともないのです。１学期がスタートしてからも家庭訪問もしなければ運動会の練習もない、専門として右手に手綱を握ってきたはずの国語の授業をすることもないのです。

教務主任になってあらためて分かったのは「ああ、私がいつの頃からかなりたいと目指してきた【小学校の先生】という職業は、【学級担任】だったんだなあ」ということでした。

しかし感慨深くなってばかりもいられません。教務主任という役割は、それこそ学級担任とは違った業務が山積しているからです。日課や時間割の調整、年間・月・週行事の確認、専科の配置と特別教室の配当、教材選定と届け等々年度当初の、いわゆる学校が動き出すための仕組づくりは教務主任の肩にかかっています。

そうして慌ただしい日々を過ごしながら2か月程経った頃、学校を見ている自分の視点が変化してきていることを感じました。大げさな表現ですが「見える世界が変わった」のです。

自分の学級こそありませんが、学校にいる全ての子供たちが受け持ちであるかのように思えるようになりました。特に、こだわりや特性の強い子や家庭に困難さを抱えている子や特段の配慮が必要な子、友達の輪から少し距離のある子や朝から元気のない子などがよく見えるようになってきたのです。

また、先生方の姿も見え方が変わった気がしてきました。管理職の先生方の仕事も見えてきてまた新たな感じ方が生まれます。同じ学校という場所にいたはずなのにこれまで見えていなかったものが何とたくさんあったことか。いや、目には入ってきていたはずなのに、「自分には関係ない」と捉えていたのではないか、と愕然としました。

ようし、それなら「見える世界が変わったこと」を楽しんでみよう、その上で自分ができることは何かを考えてみようと思えたら、教務主任という仕事に少し前向きになれたような気がしたものです。

私が教務主任を拝命した学校は児童数150人ほどの単学級（1学年1学級）の学校でし

た。そこで一つの目標を立てたのです。それは「150人全員の顔と名前を覚えよう」というものでした。つまり、○年○組という学級は持たないけれど、全員の担任になろうということです。そしてもう一つ、教務主任としての使命と考えたのは「学級担任の先生方が働きやすい環境をつくろう」ということでした。学級担任が存分に力を発揮することが、子供たちにとって一番大切なことだと考えたからです。

第二条　全体像を示してから伝えよう

教務主任は「伝える」ことが仕事です。そしてそれが「伝わったか」「実施されているか」「不都合・不具合・不適応はないか」を確かめていくことが重要です。行事や活動もそうですし、教育課程の実施もそうですし、校務分掌の遂行もそうです。その調整役が教務主任に課せられた使命でしょう。その根本にあるのが「伝える」という仕事なのだと私は考えています。

では上手に確かに「伝える」ためにはどうしたらいいのでしょうか。多くの伝え方に関する本に書いてあるのが「最初に全体像を示す」ことの大切さです。

全体像を示す、という時に考える視点は２つあります。

> ・ゴールを示す
> ・タイムスケジュールを示す

例えば、卒業式について考えてみましょう。卒業式は、年度末の最大の学校行事です。

学校としての一年間の集大成でもあります。もちろん中心になって計画を立てるのは教務主任です。卒業式の「ゴール」とは、卒業式当日です。式典そのものの配置であり、動きであり、展開です。それらが視覚的にも、説明内容的にもしっかりと示してあることが必要です。前年度の写真などがあれば、それらも活用します。細部にまで気を配り、資料や説明によって、教職員全員が共通のゴールイメージを描けるかどうかです。

ゴールイメージが描けたら、そこへ至るまでのタイムスケジュールです。「いつ」「誰が」「何を」「どのように」行うのか、皆が納得いくまで調整します。もちろん会議で話し合って決めたりもしますが、できれば事前にそれぞれの担当と小まめな打ち合わせやすりあわせをしておき、会議の席では、既に承知しているという状態であることが望ましいでしょう。

つまり、「全体像を示す」ためには、自分自身が「全体像が見えていないといけない」ということです。俯瞰するという視点が必要だということになります。おそらく担任時代は見えていなかった世界です。自分の学年の担当分や校務分掌上の役割についての範疇で物事を見ていたものが、それだけでは通用しなくなるのです。そしてこのような仕事をしていきながら感じることがあるのです。それは「学校の仕事は、幅広く、多岐にわたるのだな」ということです。その気付きは、教員としての成長につながります。

第三条 「不安」が「不満」に変わる前に手を打とう

教務主任という役割の難しさは、自分だけで完結する仕事ではないものが多いという点でしょう。もちろん学級担任の仕事もすべてが自分だけで完結させられるものばかりではありませんが、それでも小学校の学級担任は「担任カラー」を存分に発揮できる印象があります。それに比べると、教務主任の仕事は、基本的に「学校全体のため」「すべての子供たちに関わること」「教職員にお願いしなければならないこと」が満載です。

特に、先生方に協力してもらって進める活動や行事や作業などは、早め早めに計画して周知しておくことが必要です。小さなことでも先に情報が届いていた人と、聞いてないよ、初めて聞いたよという人とがいたりすると不満になります。職員間の空気がギスギスしてしまうことは、すべてにおいて悪影響しか出てきません。

不満は、不安の集積したものであるようです。そうであるなら、不安が不満に変わる前に手を打つことが肝要です。先の見通しが立たない、計画的でない、この先どうなるのか分からない、次の展開が読めない、一部の人たちにしか情報が届いていない、どうなっているのか、などという「小さな不安」は、それが募っていくと「大きな不満」に変わるのだと思います。特に何か新しいことに取り組んだりとか、これまでと仕組みが変わるとかがあると、人は負担感を覚えるものです。負担が募ると、これまた不満に変わります。だからこそ、「ゴールイメージの共有」と「タイムスケジュールでの進捗管理」という「地図」が必要になるのです。

私が教務主任の時に心がけたのは、「話すこと・聞くこと」「書くこと」でした。心がけというほどのものでもない当たり前のコミュニケーションです。とにかくいろんな職員の方々と話すことや、その方々の話をしっかり聞くことです。それは実施しようとする行事や活動に直結する意見を聞き取る、ということではなく、普段の会話やつぶやき、子供たちの様子や学級経営で悩んでいることなど、何気ない日常会話を小まめにすることでした。もちろんその中には「愚痴」めいたものもあります。それらを否定せずに聞き取るのです。そういう中から、大きな不満にまでは膨らんでいないけれど、モヤモヤとしているものを感じ取り、解消できるものは事前に取り除こうと考えていたのです。取り除く方法の一つが「書くこと」でした。定期的な通信というわけではありませんが、気付きなどをまとめてプリントにして配布したり、週行事予定表にコメント欄を作り、率直な意見を載せたりしたものです。つまりモヤモヤをいち早く表面化することで、一人で抱えているわけではない、みんなの課題であると捉えるようにしたわけです。打てる手はあります。職員室の雰囲気づくりも教務の重要な仕事です。

第四条　支えることの面白さを学ぼう

教師だから、というのでもないのでしょうが、人は他人の喜びを自分の喜びと感じることができる生き物です。教務主任という役職はまさに「人を支える仕事」であるといえます。では具体的に「何を」「どう」支えていけばいいのか。

私は３つの視点があると考えています。

- 計画で支える
- 突発的な事態で支える
- 雰囲気で支える

教務主任の重要な仕事の一つが諸々の計画を立案し、推進していくことにあります。年間、月、週の行事計画はもちろん、時間割や各種行事や活動の計画を立てて、職員会議等で示して実施していくのが教務主任です。計画に不備があったり、曖昧だったりすると、実施していく中で支障をきたすでしょう。それは職員間の不和につながったり、子供たちを混乱させたり、保護者や地域の信頼をなくすことにもつながります。その際、心がけるとよいのは、イメージトレーニングをすることです。机上の計画ではなく、実際にその場に身を置いて考えるのです。入学式や卒業式なら、来賓は受付からどこを通って控え室に入り、会場へ向かうか。保護者は、子供たちは。そのときに誰が案内するか、動線の環境整備はどうか。また会場である体育館はどのようであれば式典に相応しいか、など。その場に身を置くことで、見えてくるものがあるのです。卒業生の保護者の動線上にちょっとした花や祝いの飾りがあれば、それはきっと誰かが見てくれています。

学校現場では、突発的な事態は日々発生します。子供が飛び出した、暴れて手を焼いている、ケンカが起こった、体調不良だ、職員が急に休んだなどなど。そんな事態に、さっと対応できることも重要な役割だと考えます。それが担任にとってはどんなにありがたいことか。「どうしました？」「いいですよ」「私が対応しますよ」の一言が自然に出るといいですね。

そうして、一番の支えは「職場の雰囲気づくり」です。職員室の潤滑油的な存在になることで、皆、気持ちよく仕事ができます。悩んでいる若手にちょっと声をかけてみる、看護や介護の心配を抱えている先生の手伝いを申し出る、明るい話題を提供するなど、自分にできることをやってみることです。そうするうちに気付いてくるはずです。人を支えることで、実は、自分が支えられているということを。それは教務主任の大きな喜びです。

第五条　引き受けよう

私は教務主任という仕事を3年間経験しました。その間に、これはきっと役に立ったと思ってもらえるだろうという役割が一つあります。それは、通常学級に在籍しているけれど、すべての時間を教室で過ごすことができない子を一定の時間引き受けていたことです。当時はまだ「通級指導教室」や「支援員」などが整備されていなかった頃です。「特別支援教育」という概念はそのあとしばらくしてから出てきました。それまでは担任の先生がなだめすかして教室に留め置いたり、教室を出てウロウロするのを誰かが見守り黙認したりしていましたが、それはその子にとっても有益ではありません。時間割上に位置付けて取り出すことで落ち着かせることができるならと引き受けました。

時間割の教科の学習プリントやドリルを持ってはきますが、それをじっとできるわけではありません。約束事を決めて、息抜きに体育館で思い切り遊んだり、空き教室で絵や工作をしたりして、一定の時間はプリントに挑戦させたりしました。
この役割は、担任の先生の負担軽減のためにとか、困り感を抱えたその子のために、という意識で始めたものの、結果として私自身が大きな学びを得ることになりました。大人の都合で子供を動かそうとしても上手くいくはずはありません。特性をもった子ですから尚更です。かと言って、子供の要求通りにしていては教育的な効果が得られません。試行錯誤しながら向き合うことで、私自身の教育観や子供観を見直すきっかけになりました。一つの役割を「引き受ける」という行為が、結局は自分の学びにつながっているということをあらためて感じた出来事です。

教務主任という立場は、とても不思議なポストだと感じます。教務主任の仕事内容は、実はあってないようなものだと感じます。もちろん「すべきこと」や「これまでの人がしてきたこと」はありますが、「やってはいけないもの」はないのです。いろんなことをやることができる余地があるのだと感じています。

- ・困っている担任を見かけたら声をかけよう
- ・やったことなくても、まずは引き受けようちょっとした心配りや挑戦。教務主任だからできることは結構あるものです。

そしてその「引き受ける」ということで、学校全体がプラスに動いていくことを実感できるでしょう。そういう目で学校を見回してみるとまた見え方が変わるでしょう。

第六条　子供の名前を出して語ろう

私が教務主任を経験した2つの学校は、どちらも各学年1学級か、または学年によっては2学級というほどの規模でしたから、できるだけ子供たちの顔と名前を覚えようと努力していました。専科の授業を受け持っていた学年の子供たちは当然早くに覚えましたが、授業に行かない子供たちはなかなか分かりません。そこで行事や活動に参加させてもらったり、飛び込みで授業をさせてもらったりしました。やはり積極的に関わると子供たちとの距離が縮まります。特に、授業をすると、普段抱いていたイメージと違うことがあり、それがまた新鮮で覚えることができました。また、行事や活動で関わる前には、給食時間に入らせてもらったりすると、一緒に食べたグループの子と親しくなりました。

そうして、子供たちの顔と名前が一致するようになってきたら、担任の先生たちと子供の名前を出して話をしようと心がけました。

・授業で、○○さんがいい考えを発表してくれましたよ
・○○さんが黙々と掃除を頑張っていて感心しました
・朝から見かけた○○さんの表情が曇っていたけど、何かあったのかな
・○○さんが町たんけんの時、地域の人に元気に挨拶していましたよ
・運動場で転んだ友達に、あのやんちゃな○○さんは優しくしていましたよ

自分の学級の子として覚える名前はなくなりましたが、別の見方をすると、全ての子供たちが関わる対象になったということです。そしてこの「子供の名前を出して語る」という行為は、大変有効なコミュニケーション・ツールになることに気付きました。

担任の先生方はやはり受け持ちの子供たちの情報を知りたいのです。それも自分が見ていない時の様子には関心を持っています。ただ、子供の名前を持ち出されるときに多いのは、「困ったこと」や「悪かったこと」を語られるのではないかと敏感になっています。特に若手の先生方は、注意を受けるのではないかと案じています。そこで、是非、「よいこと」「頑張っていること」「普段と違うプラス面」を伝えるといいでしょう。

もちろん「困ったこと」や「悪いこと」も伝えなければならない時もあるでしょう。そ

のような時は、困りましたよ、というだけでなく、「だから、こういう指導をして、自分から担任の先生に言うように伝えておきましたよ」と、指導をしたことも報告しておきましょう。

「子供の名前を出して語る」のは、全職員ですべての子供たちを育てることの第一歩です。

第七条　教育環境づくりのエキスパートになろう

環境が人をつくる、といいます。教務主任には、よい教育環境をつくるリーダーという仕事もあると思います。もちろん教育環境をつくるのは、教務主任だけの仕事ではありませんが、担任や管理職とは違う発想で関わることができるのです。それもかなり広く、深く。

- ・校舎内の環境に磨きをかける
- ・学校の敷地内で改革スポットを見つける
- ・人的環境をつくる提案をする

まずは校舎内の教育環境についてです。情報収集のために歩き回ってみましょう。学校にはいろんな掲示物があることに気付くでしょう。その「賞味期限」はどうでしょう。既に終了しているイベントの案内や季節感のない掲示物、間違い字だらけの子供の作品、斜めになっていたり剥げかけていたり色あせていたりするポスターなどはないでしょうか。

また、汚れの目立つ壁や乱雑に物が置かれた特別教室はないでしょうか。流し場などは清潔でしょうか。それらをすべてきれいに整えるのが教務の仕事、ではありません。そういう気付きをどうするか考えるのが役割だと思うのです。もちろん手を出してはいけないわけではないのですが、学校として整えていく仕組みにしていく案を出すのが役目だと考えます。気になる学年の先生に伝えたり、校務分掌の担当者に声をかけたり、教頭先生と相談したりして対処することも考えられますし、いくつかの気になる視点を全体に示して、皆で整えていく気運をつくっていくということもできるでしょう。そういうきっかけづくりの提案があると締まります。

また、同様のことを今度は少し範囲を広げて敷地内にしてみましょう。そうするとおそらく長年放置されていた場所や有効に活用されていない空間が見つかるのではないでしょうか。または花壇や畑などの整備などでもいいでしょう。新設校でなければ、そういう場所の一つや二つはあるものです。そういう場所を、長期休業中の職員作業の整備場所として提案して、皆の力を合わせて整備したり掃除したりするのです。そういう改革スポットに働きかけることで、有効活用できる場所が増えることはもちろん、職員の輪も生まれます。

そのようないわゆる物理的な環境を整えるために、保護者や地域の方の力を借りることも一策です。呼びかけは教頭先生を中心に行ってもらうことになるでしょうが、提案をすることはできます。つまり、子供たちにとって良好な教育環境をつくることを通して、人的な環境も生み出していくのです。このような役目の面白さはやってみないと分かりません。

第八条　管理職の仕事を知っておこう

私が最初に教務主任を拝命した年は、学校が危機的な状態でした。校長先生が病気で休まれ不在の期間が続いたのです。教頭先生は当然、校長職の仕事も兼務することとなり、まさに右往左往している状態でした。そこで本来なら教頭先生が作成したり、提出したりするような文書を一部任されることになりました。また、各担当の先生方に作成してもらい提出を確認する仕事も私の役割となりました。つまり、教頭業務の部分的な代行を担うことになったわけです。

それは当然、大変であり、かなり負担がありました。ただし、利点もありました。それは「教頭職の仕事」を垣間見ることができたからです。通常、教務主任の席は教頭先生の隣にあります。ですから教頭先生の仕事を目にすることができます。ただ、関心をもって見なければ、意外と本当には見えていないものです。私は、せざるを得ない状況になったことにより、一部を担うことになりましたが、教頭職の仕事は「大変」の一言です。

教務主任、というと、次は当然「教頭」を目指すのだろうと思われがちですが、そういう人ばかりではありません。私も教務主任だった当時は、まったく考えてもいませんでした。役割の一つとして、校務分掌で任されたからやっていただけだ、という認識でした。もっと言うと、できれば学級担任に戻りたいと念じていたほどでした。

しかし、いざ引き受けてみると、教務主任という仕事にやり甲斐も感じることができていましたし、やるからには少しでも「上手く」「効率的に」「皆の役に立つように」できるようになりたいと考えていました。それには、教頭職の仕事を垣間見るということは役にたったように思います。

ざっくり言うと、校長・教頭・教務主任の仕事は、次のような役割です。

校長……ヴィジョンを示し、実施したことに対して責任をもつ
教頭……ヴィジョンを具体化し伝えて実施させる　＋　文書処理
教務……具体化されたものを実施する（実施できるようにプランニングする）

つまり、教頭先生の仕事には、校長先生が示される学校経営のヴィジョンの具体化という仕事に「文書処理」があるのです。この部分はかなりのウエイトを占めます。ここをど

う効率的に対処していくか。それは将来管理職を目指すかどうかに関わらず、学校内の業務の効率化を考える上で、避けては通れない部分です。何があるかを知ることは大事な一歩です。

第九条　ナンバー3ではなく、教員リーダーになろう

校長、教頭、教務の順では、教務主任は、学校での「ナンバー3」の立ち位置です。現在は職として「副校長」や「主幹教諭」「指導教諭」などもありますから、それらが配置されている学校では異なるのでしょうが、校長・教頭だけの学校であれば、三番手の役職、という位置でしょう。

ただし、実際には教務主任という職は「管理職」ではありません。校務分掌の一つです。私は、そういう職としてや立ち位置の問題ではなく、教務主任は、教諭の中ではリーダー的な存在であるべきだと考えています。つまり「教員リーダー」です。

年齢の若い教務主任もいます。それでも、教員のリーダーであってほしいのです。勘違いしないでもらいたいのは、「リーダー」というものについての捉え方です。校長や教頭という職も同様ですが、私は「リーダー」を次のように考えています。

スタッフの「やりたい!」を実現するのが、リーダーである

もちろん、一人一人のバラバラな「やりたい！」を実現することなどできません。だからこそのリーダーです。子供たちのために何を優先すべきか、学校力を高めるためにどれから取り組めばいいか、職員の結束が固まるために有効なものはどれかなど、視点を決めて「こんなことをやりましょう！」と働きかけるのです。働きかけるのは二つの方向があります。それは管理職へと、職員へとです。

職員への働きかけは、計画性をもって具体的に伝えます。第七条で示した教育環境づくりなどでもいいでしょうし、授業研究や学力向上への取組などでもいいでしょう。また、掃除の見直し、新たな活動や行事の実施などの場合もあるでしょう。計画は「早めに」「具体的に」「ゴールイメージが分かるように」伝えていきます。キーマンになる人がいるなら、計画立案の前に相談をしておくことです。

管理職への働きかけは、当然、職員への働きかけの前に行います。ここで必要なのは、詳細な計画よりも「熱意」です。外してはいけないコツとしては、「校長先生のヴィジョンに添っていることを示す」ことです。大方の場合、どのような提案でも学校経営方針か

ら外れることはありません。ただ、その関連をしっかり意識した上での提案が重要です。管理職の視点からすると、このような働きかけはミドルリーダーの活躍として捉えることができます。突飛な案でもダメ元でぶつかりましょう。リーダーなのですから。

第十条 「いい学校には、いい教務主任がいる」と自負しよう

「いい学校には、いい教務がいる」と言われます。それは本当でしょうか？ ここでまず問われるべきは、「いい学校とは何か？」「いい教務主任とは何か？」ということになります。

「いい学校」とは、決して単に学力調査の結果が高いことであるとか、いじめや生徒指導上での問題が一つもないことであるとか、特別支援教育にかかる困難さを抱えた子がいないことであるとかをいうのではないと考えています。どの学校も、その地域性や特質をもっているものですし、問題や困難さが一つもない状態はあり得ないからです。

ただし、本当に「いい学校」であれば、いじめはあっても解消率も高いでしょうし、生徒指導上の問題が起きても迅速な対応をチームで行い、全職員で向き合っていることでしょう。配慮が必要な子供たちや家庭環境を抱えていても、その課題を学校全体で共有したり、保護者や地域を巻き込んで支える仕組みができているでしょうし、それらの総合的

な結果として日々の学習が成立し、学力も安定しているのではないかと思われます。つまり、学校は一側面だけを切り取って「いい」とか「悪い」とかという判定はできないのではないかと思うのです。

それでは、そのような学校において「いい教務主任」の存在感はどのようなものでしょうか。それはこれまで述べてきた内容の一つ一つに示してきたつもりです。つまり、いろんな方面に関心と意識の目を向けて、「関わる」ということです。

ただし、オールラウンダーになる必要はありません。自分の得意分野を生かして、力を発揮することです。同時に、これまであまり関わってこなかった方面にも、この機会に挑戦してみることです。

具体的なノウハウが必要であれば、他校の教務主任仲間の力を借りてもいいでしょう。どの地域にもベテラン教務主任はいます。ただ単に年数が長いというだけではなく、センスのある先輩はいるはずです。そういう人とのつながりを求めることもスキルアップの一つです。

また、当然ですが、校長先生や教頭先生も教務主任経験者である可能性が高いでしょうから、先輩です。教務時代の話を聞くことで親近感もわくでしょう。

要は、「いい教務主任」かどうかは、「教務主任という仕事を、生き生きとしている」ということでしょう。

校長という職ではできないこと、教頭という職でもできないこと、それをできるのが教務主任です。フットワーク軽く、やり甲斐を探してください。その仕事は、おそらく自分自身が考えているより、きっと学校のためになっているはずですから。

第4章
教頭十か条

第一条「子供のためになるか」を判断規準にしよう

新任の教頭先生やこれから教頭職を目指そうという人たちに話をする機会が何度かありました。そのときには、必ず最初に次のように伝えていました。

教頭という「職」そのものに魅力なんてない

管理職選考試験を受けて合格し、教頭職となったときはもちろん嬉しいでしょう。また、「教頭先生！」と呼ばれることに喜びを感じるかもしれません。

けれど、少しイメージしてみると分かるでしょうが、教頭先生のところには、本当にありとあらゆる文書処理の業務や保護者や地域からのお願いごとや難題課題が寄せられます。職員からも日々相談があるでしょう。子供がいなくなったりしたときなどは探しに行きます。管理職ですから責任はありますが、校長先生がいるので最終的な決定権があるわけではありません。最近は働き方改革が叫ばれ多少は改善されてきたとはいえ、朝早くから夜遅くまで働いているというのが教頭先生です。

しかし私は、

教頭という「職」を魅力的にすることはできる
「教頭職」を魅力的にしよう！

とも伝えています。それは教頭職を経験した実感からくる、私自身の本心です。

そのための第一条が、すべての仕事が、

それは、子供のためになるか？

です。学校は、子供のためにあります。それは大前提です。常にそれが原点であることを忘れてはいけません。担任であれば目の前に毎日子供がいますから意識もできますが、教頭となると、どうかすると文書ばかり目の前にすることが多くなります。けれど、教頭の仕事も同じなのです。すべては「子供のため」でなければなりません。つまり、文書仕事があっても、子供に何か手が必要な場合があったら、真っ先に駆けつけることです。根っこにその意識をもっていれば、ぶれることはありません。魅力的にする秘訣はここからです。

第二条 「校長先生は気持ちのいい状態か」を心がけよう

教頭は校長を選ぶことはできません。校長も教頭を選ぶことはできません。それは互いにそうです。しかし、校長は自分の経営方針を語る側であり、教頭はその方針の実現に力を尽くす側です。その違いは大きいものがあるでしょう。

そこで、第二条は、「校長先生を気持ちのいい状態にしておく」こととしました。これは決して校長の言いなりになることではありません。むしろそうであってはならないのです。

校長先生のタイプは様々です。いわゆる管理的で細かな点まで自分の考えが浸透することを望む人がいると思えば、放任というか自由度が高いというか万事任せるよという人もいるでしょう。研究に熱心で自らも授業をしたり校内研修にも深く関わったりという人もいます。性格的にも厳格な人もいれば、優しい穏やかな人もいますし、気まぐれでつかみ所のない人もいるでしょう。それぞれに一長一短があります。校長といえども人間です。

いろいろなタイプがあるのは当然です。ただし、その誰もが「職」としての校長を任された人であることは揺るぎない事実です。そういう様々なタイプの直属の上司に一番近くで支えるのが「職」としての教頭です。

まずは自校の校長のタイプを知ることです。どういうことを望み、どういう状態を好み、また逆にどういうことを嫌うのか。そうしてまずは、そのタイプに合わせて校長の要求を満たすのです。何事にもきちんと知っておき細かな指示を出すことを好むのであれば、小まめな報連相が大事でしょう。子供たちと接することを好むタイプであれば、そういう時間を確保することに力を注ぎます。大枠を示してあとは任せる、ということであれば、具体的な案を作って判断を仰ぎ、最終的には校長先生が決定したという形をとる、などです。地域に出向く機会が多くそれを好まれるのであれば、不在の時の出来事をメモで残しておくなど一手間加えた配慮をするのです。

いずれにしても、校長のタイプに合わせつつ、要は、きっちりと教頭としての仕事を遂行するのです。上司の考え方や志向に合わせて仕事をするというだけで、仕事の内容や質が変わるわけではありません。「子供のために」ということについては、ぶれないでいいのです。

そのように、校長先生を気持ちのいい状態にしておくことには利点があります。人間関係が上手くいき、職員室の平安や対外的にも学校の信頼につながるのです。さらに、このような状態が続くと、次第に「あとは、教頭先生に任せるよ」という場面が増えてくるでしょう。

実はここからが重要なのです。そのように任されることが増えてきたら、自分の提案ややりたかったことを実現するチャンスだからです。それはさらなるやり甲斐につながります。

第三条　「先生方が仕事をしやすい環境をつくっているか」に心を砕こう

管理職の仕事は、先生方に最大限のパフォーマンスができる環境をつくることにあります。なぜなら、子供たちに直接関わっている時間が一番長いのは、学級担任をはじめとする一人一人の先生方だからです。近年は社会的にも「働き方改革」の声が広がり、業務改善は関心事の一つになっていますが、だからしなければならない、という意味ではありません。そもそもの管理職の使命に、「先生方に仕事をしやすい環境をつくること」があるという考えなのです。

それは何も先生方のいうことや要望を全面的に聞き入れる、ということではありません。指導すべきは指導し、管理監督すべき点はきちんと指摘したり改善させたりしなければなりません。それは教頭としての役目です。

しかしその自分の職としての役目を果たすことが最優先に立つのではなく、先生方の職としての役目を遂行することを優先したいのです。特に、子供たちが学校にいる時間帯には、全力で先生方が子供たちへ向き合うことができるような配慮をすべきでしょう。

私が教頭時代に心がけていたのは次の4つです。

- ・配慮や指導の必要な子供は、引き受ける
- ・授業中の保護者等からの相談や苦情は、引き受ける
- ・休み時間には文書仕事はしないで、ヒマそうにしておく
- ・先生方からの相談や報告は、立って聞く

教室から飛び出す子やじっとしていられない子、悪い行いをして指導しなければならない子など、授業中であっても特定の子供に関わらなければならない場合があります。担任に余裕があり、他の子供たちの授業が成立するならいいのですが、そうでない場合は、私のところに連れてきていいよと伝えていました。または、代わりに教室に残っている子たちの方を指導しておくよ、と。また、授業中であっても保護者が苦情を言いにきたり、相談に来たりすることもありました。その際も同様に、直接引き受けたり、学級の方を見に行ったりしました。担任の先生は特定の子供だけのためにいるのではないのですから。

また、先生方が声をかけやすいように、気軽に相談できるようにと考え、休み時間は忙

しさを見せないようにしました。遠慮せず話しかけてもらう中で子供たちの情報を得られるからです。もちろん相談や報告の時には、座ったままで聞くことはしませんでした。

第四条　まずは「聴くこと」に徹しよう

「傾聴」は、教頭職にある者が絶対に身に付けておくべき資質です。教員は総じて喋りたがりです。教えることが日常になっているため、聞くことよりも話すことの方が当たり前になっているのでしょう。管理職も同様です。戒めをもっておかないと、ついつい自分の話ばかりをしてしまいます。若手の教員などはついつい遠慮してその話に付き合わされてしまい、せっかくの空き時間を奪ってしまうことになります。

では、誰のどんな話を傾聴すべきでしょうか。教頭職で多いのは次の順でしょう。

・保護者　・教員　・地域の方　・子供　・その他

特に、保護者からの苦情などは、しっかりと傾聴する必要があります。その際は、まずは「共感的傾聴」を心がけましょう。どんなに理不尽に思えても、まずは受け止めるのです。例えば「いじめられた」とか「担任の先生の指導はなっていない」などという場合に、普段の様子からして明らかに違うだろうと感じても頭ごなしに「いや、それは違いますよ」などと言うとそこで関係は切れてしまいます。自分が把握していないだけで、実際には起こっているかもしれないし、それに何よりその保護者自身は「それが真実である」と感じているからです。そのことによって感情的になり学校にまで出向いてきたのです。話に来てくれた、ということは関係を持ちたい、学校とつながっておきたいという意思表示です。それを断ち切ることは許されません。判断を急がないで、まずは「そうですか」「そのように感じられたのですね」「なるほど」と受け止めることです。そして「分かりました。校長に報告してしっかりと事実確認をします。全職員で対応しますので、しばらく時間をいただけませんか」と約束します。そして３日の猶予をもらったら、次の日には返答します。明日までにと約束したらその日のうちに連絡をとります。そのようにして丁寧な対応をすることで、苦情処理を通して信頼を得る機会にもなるのです。

教員の悩みや相談は内容によってその場で聞くよりも個別に聞いた方がよいと判断したらしっかりと時間をとって向き合います。仕事の悩みはもちろんですが、我が子の悩み、介護の悩み、体調不良など年代や環境により悩みは様々です。指導やアドバイスの前にまずは「傾聴」すること、その姿勢を感じてもらうことが重要です。先生方が元気でないと子供たちへの教育の質は低下します。

保護者の不安、教員の悩みが相談されるということは、教頭への信頼の証なのですから。

第五条　校長の経営方針を翻訳して、具体的な取組として伝えよう

校長が描く学校経営のヴィジョンを具体化するのが教頭の役目です。私はそれを「翻訳」であるとイメージしています。校長先生が年度当初や学期初めに示される「学校経営方針」や「重点目標」などを具体的な取組として提示することで、やるべきことが見えてきます。校長先生のタイプによっては、自ら具体策を示される方もいるでしょう。そのような場合もさらにより具体性をもって示すことを心がけます。

では、具体的な取組とは何か。それは、次のようなものが明確になっているかどうかです。

- 何のためにやるのか
- いつやるのか、いつまでやるのか
- 誰がやるのか

・主たる担当者は誰か
・どのようにやるのか（時期・手順・回数など）
・できたかどうかをどのように見極めるのか
・できたら、次はどこへ進んでいくのか

教育界でも広く浸透している、いわゆる「ＰＤＣＡサイクル」とも重なります。それをどのようにかみ砕いて、しかも職員の「やる気」をかき立てながら伝えることができるかが腕の見せどころです。教頭自身の「教育観が問われる」といっても過言ではないでしょう。なぜなら、校長先生が示すあるヴィジョンを具体化する方法は、一つであるとは限らないからです。「学力向上に力を入れる」にしても「創立記念式典を成功させる」にしても「いじめゼロにする」にしても、様々な考え方があり、様々な手法があり、進め方があるはずだからです。そこに、教頭自身のこれまでの経験値と教育観が反映されるのです。

そこで、次の3点だけは、心がけとして忘れないようにしたいところです。

・上手くいかなくても誰かのせいにしないこと。子供のせいには絶対しないこと

・担当者任せにしないで、教頭自身がしっかりと進捗状況の把握と結果の確認をすること
・担当者の努力や取組への姿勢を校長に伝えて、評価してもらうこと

具体的な取組が、具体的な成果を生みます。教頭は縁の下の力持ちでいいのです。

第六条　仕事の軽重を見極め、仕組化で効率的に処理しよう

すべての仕事に全力で取り組みます、というと聞こえはいいし、とても崇高なイメージがあります。けれどそのような仕事の仕方では、時間はいくらあっても足りません。そのうちどこかで停滞したり、ミスが生じたり、何より自分自身が疲弊してしまいます。病気になったり倒れたりでもしたら、本末転倒です。「働き方改革」「業務の効率化」は、単に仕事の時間を減らしたり、早く退庁したりということの前に、「賢い仕事の仕方の模索」であると思います。

そのためには仕事に軽重を付けることです。私は次のように考えてきました。

【重】子供　＞　保護者　＞　地域　＞　教職員　＞　文書事務　【軽】

もちろん緊急性があるものであったり、特殊なケースはありますが、重きを置く一番が子供のことであることは揺るがないでしょう。

しかしこの中で一番軽いとしている「文書処理」が教頭の時間を一番奪う元凶でもあるのです。誰でも簡単に文書処理ができるような魔法はありませんが、考え方や仕事のスタイルを変えることで効率的にすることは可能です。

・文書処理は、締切に関わらず、簡単にできるものは手に取ったらすぐ着手する
・「緊急」「今週中」「今月中」の3分類に分け、内容に構わず上から順に着手する
・定例報告などはフォームを作り、簡略化する
・調査に時間がかかるものは、早めに着手し、余裕をもって集約する
・文書処理は、頭がスッキリしている午前中の早い時間帯に行う

締切が一ヶ月先だとすぐに取りかからなくていいと感じるかもしれませんが、それが自分でできる簡単な調査などのようなものであれば、届いたその日に回答していいのです。発出した担当者は文書を出した瞬間から回答を待っているのですから。

朝イチで文書処理に取りかかった方がいいのは、頭がスッキリしているということもありますし、朝すぐよりしばらくするといろんな電話もかかってきたりするからです。また、午後になると食後の眠気や様々なトラブルが起こったりもするものです。自分の仕事についてのゴールデンタイムとデッドタイムをきちんとつかんでおくことです。

第七条 「伝えたこと」ではなく「伝わったこと」を大事にしよう

伝わったことが、伝えたこと

私が常に自分自身の戒めにしている言葉です。たとえ一生懸命準備をして十のことを伝えようと思って熱弁を振るったとしても、聞き手が三つしか受け取らなかったとしたら、あなたが伝えたことは「三つのこと」だったのですよ、ということです。

教頭という職は、第五条でもふれたように、校長先生のヴィジョンを具体化して伝える役目があります。それが、半分も伝わっていなかったとしたら重大です。伝える技術や伝え方のコツ、受け取ってもらうための日頃からの関係づくりがとても重要であるといえます。

私自身、なかなか伝わらない経験をしながらも、少しずつ見えてきたものがあります。

・書いて伝える
・いくつのことを話すと予告する
・キーワードや語呂合わせで示す
・インパクトのある具体例を入れる
・長く話さない
・話し方を研究する（イントネーション・声を高めに・明るく張って・表情豊かに　等）
・真剣に聞いている人を見て話す
・少し時間を置いて、伝わり具合を確認する

書くことは、私の武器の一つでした。それは学級通信から始まり、研究主任での研究だより、教務主任の時には週行事予定の隅に独り言、教頭時代は職員室通信、校長でも校長室通信と書いて書いて書いて自分の思いを表出してきました。それらがどれだけ届いていたのかは分かりません。独りよがりかもしれませんが、書くことで自分の考えが整理されるという効果もあったようです。

また、上手い話し手がいたら、その内容ももちろんですが、なぜ私は惹き付けられているのかを考えながら聞いたりしました。そうして生まれてきたのは、逆説的ではあります

が、「伝わっただけでいいじゃないか」という達観した思いです。受け手によって違いがあって当然です。そう思うと肩の力が抜けて、かえって表現が豊かになるような気がするのです。

第八条　報連相は素早く、且つ、必ず案を持って臨もう

教頭のところには、ありとあらゆる情報が集まります。子供のことはもちろん、教員や保護者や地域からも、外部の各種団体や業者などからも、先ずは教頭先生へ、となるはずです。また、教育委員会をはじめとする国や県や市の行政機関からも連絡事項は山ほど入ります。それはもう大変なことなのです。

けれど、逆に考えるなら、教頭職に情報が集まらないようではいけません。特に、単なる連絡事項ではなく、「相談」や「苦情」や「問題」などが、迅速に、正確に、詳細に集まるようなら、教頭として信頼されているといえるでしょう。

もう一歩進めて考えるなら、そのような情報が集まりやすくする、自ら集めに行く、というスタンスが必要です。そのためには、先生方との普段からの会話や子供の名前を出しながら話題にすることや、人と人との信頼関係の構築が必須です。

よく、管理職は職員に対して、「報連相をしよう」と投げかけますが、私は「報連相をし

てほしい人が、自ら積極的に報連相をすることが大事」だと考えてきました。自分からは情報を提供しないでいて、相手の情報だけを求めるというのはフェアじゃありませんから。

さて、そうして入手した情報をどうするか。もちろん校長先生に伝えることです。苦情であれ、相談事であれ、「校長が知らなかった」という状態をつくってはならないのです。伝えることを失念していたというのは三流です。しかし、単に「こんなことがありました」というのでは二流です。一流の伝え方は、

「情報＋案」

です。しかも複数の案をもって臨むことです。

例えば、保護者から「うちの子がいじめられている」という電話を受けた際、そのまま伝えるだけでは「校長先生、どうしましょう?」と尋ねているだけです。自分では何も考えていないことになります。「情報確認をして本日中に保護者に連絡することを伝えました」「昼休みに聞き取りをしようと思います」「関係している子や見ていた子もいるようなので、複数の職員で聞きます」「放課後には担任に家庭訪問をさせます」。そして、「いかがでしょうか?」と問うのです。それで進めるようにとのことであれば、校長からの指示

を受けた学校としての取組となります。「記録は、時系列に事実のみをまとめなさい」などと追加の指示もあるかもしれません。教頭の役割は、情報を整理し、次の一手を見据えて伝えることです。

第九条　保護者や地域や外部の方などのマンパワー活用をプロデュースしよう

学校教育が学校にいる教職員だけで行えるものではない、ということは既に明らかです。自治体によって支援員や学校司書、カウンセラーや相談員などを雇用して配置しているところは多くあります。しかし、それらの行政機関が行う人的な措置にも限界があります。そこで多く取り組まれてきているのが、保護者や地域の方々に学校独自で呼びかけて手伝ってもらったり、ボランティアを募ったりして子供たちに関わってもらうことでしょう。いわゆる「学校応援団」です。

この保護者や地域や外部の方々のマンパワーをどうやって取り込むか、活躍してもらうか、そして満足してもらうかというすべてのプロデュースをするのが教頭の仕事の醍醐味だと思います。

このことを「大変だ！」と感じる人は、そもそも管理職に向いていません。いや、管理職に限らず、これからを生きる教員にはとても大切な資質の一つだと思っています。おそらくは経験したことがないからこその「大変さのイメージ」ではないでしょうか。まずは、一歩を踏み出してみましょう。

そんなことはない、実際にやってみたけれど、人集めから日程調整から、仕組みやルールづくりから、本当に忙しかったのですよと反論する人もいるかもしれません。けれどあえて言わせてもらえば、それは、まだ途上だったのです。その先にきっと喜びや成功があったはずなのです。もしかしたら気付かなかっただけで、既に喜びや恩恵を感じていた人たちがいたかもしれないのです。

人と人との関わりですから、一朝一夕にはできません。だからこそ面白い、だからこそやり甲斐があると私は思います。だからこそ、学級担任ではなく、教頭でこそ存分にできる仕事ではないかと思うのです。具体的な方法は様々ですが、いくつかの心構えはあります。

・自校のどこにどんな人がいたら助かるかを具体的に皆で洗い出す
・呼びかけ、投げかけは、地域のキーマンにも手伝ってもらう
・役割、仕組み、ルール、約束事、留意点、保険などの整備はしっかり行う
・顔を見せ、声をかけ、感謝を表し、参画していただいた方々の満足感を大事にする

真ん中に子供を置いて本気でつながり合える人との出会いは、宝物になるはずです。

第十条　得意分野を生かして学校を活性化しよう

私は研究授業をするということについては、かなりこだわってきました。指導案を書いてどなたかに参観してもらい、研究協議会なり感想をいただいたりすることなどを続けてきました。法定研修はもちろん校内研修や指定研究などで行うものだけではなく、自主的に創作した単元で授業を公開したりしたものです。それは管理職時代も教育委員会時代も「飛び込み授業」という形で実践してきました。

初任者として行った1回目からコツコツと数えてきましたが、現在189回（令和元年度まで）です。そういう「見られる授業」をすることで、「授業を見る目」も養われてきたと自負しています。純粋に私は、授業をすることも見ることも好きだったのです。

これを私は自分の強みとしました。つまり、人の授業を参観した時には必ず文書で気付きを返すということを続けたのです。時には何枚にも渡ってしまうこともありましたが、受け取った授業者が「見てもらう授業をしてよかったな」と思えるようであってほしかったのです。内容は決してほめ言葉の羅列ではありません。

私はよく授業者に尋ねたものです。「辛口がいいですか、甘口がいいですか？」と。多くの授業者は、頑張って作り上げた授業の評価をもらうのですから、「是非、辛口で！」と言いました。中には「甘口がいいです」と言われることもありましたが、そんなときは「ごめんなさい、今日は甘口を切らしていて……」と言ってやはり辛口でバッサリ切りました。ただし、私の中にはルールがあって「辛口で指摘する時には、必ず代案を示す」と戒めていました。互いに授業を見せ合う、しっかりと批評し合える関係ができてくると、学校は活性化します。授業の質が高まってくると、子供たちは当然伸びてきます。そういう喜びを共有できると、学校はチームになっていくということを実感したところです。

これは私の得意分野の生かし方です。人それぞれ得意分野があるだろうと思います。管理職は、自分の強み、得意分野を生かして学校を活性化することができます。

特別支援教育の面で配慮の必要な子に寄り添い、適切なアドバイスや関係機関との連携を推進することもあるでしょう。運動面で子供たちに直接関わると同時に、先生方のやる気を引き出す方法もあるでしょう。話を聞く、傾聴するということで教職員や子供や保護者が心を開き、穏やかな空気が生まれる学校もあるでしょう。音楽による学校づくりに取り組まれた人もいました。

あなたの得意分野は何ですか？　得意なことにこそ、磨きをかけましょう。

第5章
校長十か条

第一条　夢を語ろう

校長が夢を語らずしてどうする、と思います。語らずとも熱い思いを常に秘めているという人もいるかもしれません。秘すれば花、能ある鷹は爪を隠す、という思想は日本人の美徳でもあるからです。

しかし「校長」という職の者はそれではいけない、と私は思います。

一人で見る夢はただの夢、みんなで見る夢は現実になる

オノ・ヨーコさんの言葉です。私は校長の「夢」はみんなと共有することで「現実」になると信じています。その過程が楽しいのです。

私は校長としての経験は、1校しかありません（令和元年度時点で）。新任校長として赴任して3年を過ごしました。その3年間で一貫して通したキーワードは「本物」でした。

先生方にも子供たちにも次のように語っていました。

本物の力を身に付けよう！
本物は続く
本物は広がる
本物は感動を生む

学力もそう、優しさや思いやりのある言動もそう、一度だけ、一過性のものは「本物」とは言わない。本物であれば続くはず。また続けることで本物になるはずだ、と。

そして本物であれば、一人のものではなくみんなのものになっていくはずだ、本物は広がっていくのだから。よいものは広がる、よい言動を真似して広げていくことが大事だ、と。

さらにそうやって本物の学びや行いが広がり続けることで、自分自身の成長を感じて喜びを得られると同時に、そういう姿を見た人たちは、感動するだろう、と。

夢物語のようなものだったかもしれません。けれどゆっくりと、しかし確かに「本物志向」は浸透していったという実感がありました。

校長は夢を語り続けることが重要です。その夢に教職員も子供たちも保護者も地域も巻き込んでいき、気付いたらたくさんの笑顔が生まれていた、そういう学校をつくりましょう。

第二条　「新任であること」を強みであると勘違いしよう

どんな職、どんな役割にも必ず「初めて」はあります。その「初めて感覚」はとても大事なものだと私は思っています。そこで、ここには「新任であること」についてあらためて記しておこうと思います。

教職を続けていく上では、初めて校長という職に就くことは、「新任感覚」を味わう最後の機会でしょう。私が校長職に就いて最初に感じたのは、

見える世界が違う

ということでした。教頭時代には校長先生の一番近くでその仕事ぶりを見てきていたはずだし、教育委員会事務局という場所で外から学校を見て校長先生方の大変さを感じていたりしたはずだったにも係わらず、いざ、自分自身がその役に就いたときには、これまでとは見える世界がまったく異なることを実感しました。その最たるものはやはりすべての決

断において「最終責任が伴う」ということでした。自分の判断が子供たちはもちろん、保護者や地域に、そして大げさにいえば教職員の人生に影響を与えることを感じたのです。それは「畏れ」と言ってもいいでしょう。

そうであるなら、熟考して最良の判断をしなければならない。しかし、時には瞬時の判断も求められる。そうなると「分からない」「知らない」では済まされないと感じたのです。ただし、新任であればその「分からない」「知らない」が言える、それは強みではないかと考えました。

そこで先輩の校長先生方や退職された大先輩に率直にいろんなことを尋ねることにしたのです。またそのような方の講話から学んだこともあります。それは困った時に「どうしたらいいのか」という問いもですが、むしろ広く「校長学」を学びたかったのです。

校長として一番大事にしてきたことは何か？

様々な視点からの解が得られました。どの方も即答できる答えがあることに驚きました。つまり、校長としての自覚があるということ、自覚的に校長職を遂行しているということです。そういう先輩校長へ尋ねることができるのも「新任の強み」であるといえます。

多くの先輩が口にされたのは「度量を大きく持つこと」を挙げられました。新任ですから当然まだまだ「度量の大きさ」などありません。しかし、と考え直しました。いつになったら自信をもって「私は度量が大きくなったぞ」と言えるのようになるのだろうか。何年か経ったら？　何かができるようになったら？　そう考えてみると、何も目安や基準はないのです。自分で判定できるものでもなさそうです。それなら「今日から、そうありたい」と意識することにしました。つまり見える世界が変わったことで、言葉の受け止め方も変わった。そうであるなら、その変化に身を任せ、新任であること、見える世界が変わり戸惑っていることさえも受け入れて、校長という職を楽しもうと考えたのです。新たな学びの意欲が湧いてきたともいえるのです。「新任」であること、「初めて」であることをマイナスではなく、強みだと勘違いするくらいに前向きでいようと決めた瞬間でした。

第三条　「学校の顔」であることを利用しよう

あなたの名刺には「〇〇学校・校長」という肩書きが明記されているでしょう。教職員や保護者、地域の方々は、あなたのことを氏名ではなく「校長先生」と読んでいるでしょう。子供たちも「校長先生、おはようございます」などと言って登校してきます。「ところで、校長先生の名前知っている？」と聞くと、えーっと、と考えて思い出してくれるのはいい方で、「校長先生は、校長先生さ！」と笑顔で答えられると、ま、いいかとなったりします。これは「教頭先生」も同様で、よくも悪くも、管理職とはそういうものです。職名がその人を表すのです。

しかし、考えようによっては、この「校長」という肩書きは大いに役に立ちます。良くも悪くも学校の顔、代表者であるからです。ある意味、広告塔として有効に活用することもできるのです。

学校というところは、平凡な日常が淡々と大過なく流れていくことが大切です。毎日元気に子供たちが登校し、計画的に充実した一時間一時間の授業が安定的に行われていくことは学校の幸せだと思います。けれど、時には、ちょっと特別なイベントや発表の場が行われるときがあります。そのような時には、広く参加を呼びかけたり、報道などで紹介してもらったりして発信することも大切です。校長としてそういう「打って出る」判断をすることも重要な役割であるように思います。そうすることで、子供たちはもちろん、保護者や地域にも「私たちの学校は、結構いいことをやっている」という満足感を得られるでしょうし、子供たちの頑張る姿が紹介されると、しっかり育ててきた成果として教職員も自信をもつことにつながるからです。校長が広告塔として自校の良さを語ることも良い素材になります。

また、困難さを抱える問題が生じたときも、学校の顔である校長が動くことで事態を展開させる起爆剤になり得ます。生徒指導上で問題を抱える事案であるとか、家庭環境が心配で関係機関と連携を取った方がいいのではないかという案件が発生した場合は、校長自身が積極的に動くことでスピード感をもった対応ができると考えています。

あるとき児童相談所に伝えておきたい、つながっていたいと思える事態が生じました。

しかし電話で連絡しても、緊急性・危険性がまだ十分に感じられないとのことで来校してもらうことはできませんでした。実際に学校としては困り感はあっても実際に何かが起こっているわけではなかったからです。そこで、その件にまつわる詳細な資料を集めてファイルを作成し、校長自ら出向いて相談をさせてほしいと依頼するとすぐに承諾され、来校も叶いました。

「校長」という肩書きが仕えるのであれば最大限に利用する。それは強みです。

第四条　矢面に立とう

校長は「最後の砦」といわれます。例えば、保護者から苦情や相談があったとしたら、最初は担任が、次には学年主任と一緒に、それでも解決しなければ教頭が、そして最後に校長が登場して、というイメージです。けれどそれは、最後まで隠れていて出てこないという意味ではありません。それは校長として無責任です。

担任が相談を受けた時点で、教頭を通して情報が入ってきていることが重要です。そういう連絡体制ができているかどうかです。情報は対応案と一緒に入ってくることが大切です。例えば、「いじめられたという相談を受けたので、当事者と該当者、学級の子たちに聞き取りをして、放課後保護者に連絡をする」ということが伝えられたら、「聞き取りは今日中にすること」「複数の職員で同時進行で当たること」「記録は解釈や評価を入れずに、時系列に事実のみ残すこと」「保護者へ連絡する前に結果を知らせること」などを指示します。つまり、「担任や学年で対応する」という姿の背景には必ず「校長の意向」があることが重要であるわけです。さらに教頭先生対しては、「教育委員会の担当部署にこのような案件があり、現時点でこのように動いていると伝えておくように」という指示も加えます。「最後の砦」に情報がちゃんと伝わっていること、そこから出された指示が的確に届いていることが大切なのです。

また時には、そういう順序を超えて、最初から校長が対応した方がよい場合もあります。イメージとしては、「担任対応でいいだろう」という時には「学年主任や教頭も一緒に対応する」こと、「通常なら教頭が対応するだろう」という時には「校長も姿を見せておく」ことです。そして、緊急性・重要性が高いと思われたときには最初から校長が直接出て親身になって話を聞くことです。つまり相手が思うよりもプラスαの対応をすることで、「しっかり対応してくれている」という好印象につながるのです。

この「手厚い対応」「好印象をもつ」という行動により、解決したり、事態が好転したりすることがあります。また加えていうなら、事後も声かけをするとさらに効果的です。

いじめで相談した保護者が学校行事で来校した際に、「その後○○さんはどうですか。学校では笑顔が見られて安心しているところですよ」などと様子を伺ったりできれば、学校はみんなでしっかり見てくれていると受け取ってもらえるでしょう。つまり、「いじめ相談」というピンチに対して学校というチームで対応したことで、「信頼」というかけがえのない財産を得てチャンスに変えたということになるのです。

校長は常に「矢面に立つ」という覚悟で物事に接することです。

第五条　つながり、つなげよう

> 教員の世界は狭い
> 学校の先生は常識知らず
> 先生たちの常識は、社会の非常識

などと揶揄されることがあります。そんなことはないのになと思いながらも、そう言われるのも仕方がないという現実を目にすることも、残念ながらあります。

それは教員という仕事の特殊性にあるのでしょう。「子供たちのため」という強い使命感で時間を忘れて仕事をしたり、逆に業務を求められたりすることがあります。「残業」や「時間外労働」が常態化しているという現実もあります。一般教諭であれば、仕事ぶりが給与に直接反映することはなく、予算や決算や費用対効果という感覚も希薄です。役職は存在しますが、企業や役所のような強い縛りを感じることはあまりありません。人事異動があるため3年から6年で転勤し、学校としては毎年メンバーが替わることになります。

近年は「働き方改革」という社会的な動きもあり、勤務時間については見直されていますが、だからといって、仕事内容が軽減されているわけではないし、むしろ年々課題は増えているともいえるので、「改革」は大変難しいというのが現実的な現場感覚でしょう。今後、本格的に「制度」と「意識」が変わっていく必要があります。

ただ、社会の変化のスピードが速くなっているのは事実ですし、教員の世界が狭いという自覚があるのであれば、教育界の外とのつながりを意識的にもつ必要はあります。そのトップリーダーはやはり校長であるべきでしょう。まずは、自分がつながるということ、そして教員をつなげるということです。


校長は人とのつながりが財産です。先ずは、何といっても教員仲間です。同僚、先輩、後輩はもちろん、校長という職だからこそ出会える教育関係者とのつながりは大切にしたいものです。その上で、教員以外の人たちとのつながりを模索すべきでしょう。保護者や地域の方とは、学校や子供たちという仕事上でのつながりだけでなく、人と人としての出会いのチャンスでもあります。勤務校を離れてもつながりを持てる人との出会いができれば、それは社会につながる窓になります。また、学校関係の仕事以外でのつながりも、意識的に持つことで、そのような人の目を通して「教育界」を見つめ直すことができるはずです。

ただ逆説的ですが、私は「教員は社会の常識とかけ離れたところにいてよい」とも思っています。だからこそ純粋に子供と向き合えるのだと。両者のバランスを保ちたいものです。

第六条　「伝わる言葉」で語ろう

「伝わったことが、伝えたこと」であるということについては、教頭十か条にも書きましたが、これは校長も同様に受け止めておくべき言葉です。いやむしろ、校長こそ大事にしておきたい意識であるといえます。それは、教頭より多くの幅広い対象者へ向けて言葉を発する機会があるからです。

まずは何といっても子供たちへ伝える言葉です。始業式や終業式、各種集会などでの全校の子供たちに向けて話す場面があります。心がけていたのは次の3点です。

- 1年生が聞いても分かる表現で
- 6年生が「なるほど!」と納得する内容で
- 具体例（時には具体物）を入れて、できるだけ短く

饒舌になりすぎないよう私は話し言葉でシナリオを作って声に出して口に馴染ませてい

ました。「校長先生の話は長くてつまらない」という一般的見解を何とか脱したいと考えていました。ありがたいことに多くの教員が教室に戻ったあとに再度振り返って定着をさせてくれていたようです。私にとっては全校の子供たちへ向けた話の準備は、研究授業の準備と同様の意識とエネルギーを込めたつもりです。

保護者や地域の大人向けの挨拶の場面では「具体的な子供の姿」や「学校でのエピソード」を交えて話をしていました。また、日頃から集めている「ちょっといい言葉」を取り入れたりもします。自分の言いたいことにぴったりの名言などに出会うと嬉しいものです。それらを手帳に書き留めたり、今はスマートフォンのメモアプリに記入したりして保存しています。時々読み返して使える場面を想像するのは楽しいことです。

これまでもいろんな場面で使っていたのは次の言葉です。

> 子供をダメにするのは簡単だ
> 欲しがるものを際限なく与えればよい

18世紀の思想家ルソーがその著書「エミール」の中に記した言葉だそうです。教師の自覚としても、子育ての話の中でも使えます。名言やキーワードを上手に活用して、自分の語りたい内容と結び付けるのです。私はそのようなメモをするフォルダに「言葉箱（ことばこ）」と名付けて、ピンときた言葉をせっせと集めているのです。

第七条　子供と本気で向き合おう

校長という職は、直接子供たちと向き合うというよりも、対外的な人との関わりが求められます。学校の顔という役割ですから当然です。しかし接する時間は短くても、子供と直接に本気で向き合うことを忘れてはならないと考えています。

そのためによく行われているのが、登校時に玄関で迎えることです。笑顔で朝の挨拶を交わすだけでも、この子たちのためにできることを頑張ろうというモチベーションにつながります。ちょっと様子の違う表情の子に気付いたり、いつもより登校が遅くて足取りが重い子などがいたら声をかけたり、担任に伝えたりします。また、休み時間に子供たちと遊んだり、給食を一緒に食べたりということをしている校長先生もいますし、担任が不在の時に代教に好んで出向く人もいます。どれも大切な時間です。

その延長として、私は「研究授業」にこだわってきました。それは校長になっても同様でした。「校長になってまでわざわざ指導案を書いて研究授業をして、上手くいかなかったら信頼を失うのではないか」と心配される方もいます。私は、上手な授業をして信頼されたり尊敬されたりしようと思っているわけではないので、その心配はまったく当たりません。

ではなぜ飛び込みで研究授業をし続けてきたのか。それは、授業の腕を磨くのが好きだったからというのは大前提ですが、「授業の中でこそ一人一人の子供の姿がよく見える」「子供たちと近付ける」と感じているからです。また、誰かの授業を参観してコメントを伝える際にも、自分自身が経験した実感を語ることができるというのは強みになるからです。机上の空論ではなく、実践知で語ることでより伝わると思うからです。子供たちの「今」を手応えとして感じるためには、研究授業という勝負の場で確かめることが一番だと思うのです。

また、配慮が必要な子、家庭環境に厳しい現実を抱えている子、特性として困り感をもっている子などへはもちろん率先して関わりました。困難さへの具体的な支援は当然ですが、それ以前に「信頼できる大人」である必要があります。人と人とのつながりを大切にして向き合うことです。そのためには本気で向き合うことです。一緒に楽しいことを共有して笑顔になれるような時間を仕組むことが一番ですが、時には真剣に叱ったり、諭したり、努力を促したりすることも必要です。「本気で向き合う」とは単なる庇護者として守ってあげる、というスタンスではなく、子供から学ぶというベクトルも大切だからです。

第八条　仕事以外のことをしよう

私は教育に関わる仕事というものが、どうやら好きなようです。プライベートな時間もついつい教育に関する本を読んだり、自主サークルで学び合ったり、教員仲間と飲んで語ってということをしてきました。しかし、普段の生活のすべてが仕事というわけではなく、教育とは関係のない好きな分野の読書をしたり、テレビドラマや映画や演劇を見たり、旅行に出かけたり、美味しい物を食べたりお酒を飲んだりも当然しています。

ただ、そんな中でも、どこかに「アンテナ」が張ってあり、「あ、この映画の台詞は先生方への話の枕に使えそうだな」とか「この写真を授業の最後に使えないかな」とかと考えているのです。それはあえてそうして探しているというのではなく、自然と湧き上がるような感覚です。それらを記憶に留めて置いたり、ちょっとメモしておいたりして温めます。仕事以外のことが巡り巡って仕事の効果を上げるきっかけになるのです。数年間寝かし続けていたネタが、ふと浮かび上がってきて講話にスパイスを加える、というようなケースもあります。大切なのは、覚えておくこと、もしくはやはりどこかにちゃんと記録しておくことです。

仕事とはまったく異なる新たなことへの挑戦も大切にしたいものです。

新任校長として赴任した学校は、多目的室を地域に開放しており、夜や休日などにも登録してある団体が活用していました。赴任して間もない頃、少し遅くまで校長室に残っていると、その部屋から男性のウォーウォーという声が聞こえてきました。発声練習をしているようです。聞くと、男声合唱団が毎週火曜日に練習をしているとのことでした。またそこには日頃お世話になっている地域の方もたくさんいらっしゃると分かりました。ちょっと挨拶がてら練習をのぞいてみようかと多目的室に向かいました。おじさんたちが熱心に毎週集まって何を歌っているのだろうかという好奇心もありました。そこには疲れたおじさんたちがカラオケ風の歌を好き勝手に歌っている姿ではなく、一人一人が洒落た格好でスッと背筋を伸ばして立ち、英語やイタリア語でハーモニーを奏でている姿がありました。私より年配の方々が多いその合唱団は、既に結成十年以上の歴史と伝統があるとのこと。皆さんに笑顔で迎えていただき、気付いたら次の週から練習に参加していました。自分の中にまったくなかった世界との遭遇です。

このことが校長としての仕事に何か影響するかは分かりませんでしたが、人間としての幅を広げるという意味においては大きな収穫だったと感じています。いくつになっても新しいことを始めることができる。それを身をもって体験したのです。

第九条　ひとりになって思いを巡らそう

どの学校にも「校長室」という個室があります。長崎県内の二つの市の教育委員会事務局で仕事を経験させてもらいましたが、どちらも個室を持っているのは教育長だけでした。課長や部長や次長に個室はありません。市役所の他の部局もどうやら同様のようです。けれど、学校という施設では、規模の大きさに関係なく、必ず「校長室」があり、そこは校長が独占できる個室になっているのです。企業がどのようになっているのかは知りませんが、職場に個室を持っているというのはとても贅沢なことなのだと想像できます。

もちろんそこはプライベートな自由な部屋ではなく執務室ではありますし、職員が入ってきて仕事の話をする場所でもあります。また来校者を招く応接室の役割も果たします。しかし、それでも独りでいることのできる部屋なのです。

校長室が個室なのは、学校経営についてあれこれと思い巡らす場所だからだと聞いたことがあります。実際そうなのでしょうが、最初はその「ひとりでいる」ということに慣れずに校長室を出て校舎内を歩き回ったり、職員室に出向いて話をしたり、ドアをすべてオープンにして廊下から中を見られるようにしたりしていました。普段は「校長室のドアはいつも開いています」というスタンスで、職員も保護者も子供も、ドアが開いている時にはいつでもどうぞと伝えていました。

しかし、やはりひとりになってあれこれと思いを巡らす時間は必要だと感じるようになってきました。ある意味「ひとりで思索する責任を背負う場所」であると感じたのです。学校経営の骨子にしても、校内の人事案にしても、山積する問題課題への対応策についても、決断の核は校長が責任をもって示さなければなりません。そのときに外界からの刺激は不要です。もちろん、決断を下すまでに最大限の情報を集めておくことは必要です。ひとりよがりの独裁にならないように、多様な意見を受け入れることは重要です。しかし、何か一つを選ばなければならないとするなら、それは校長室でひとりでしっかりと熟考して描き出さなければならないのです。その責任を背負う場所が校長室なのだと思います。

人の生き方においてもそうです。「孤独は必要、孤立は不要」といいます。孤立して引きこもってしまう部屋ではありません。孤独を受け入れ、思いを巡らせ、新たな一滴を生み出す場所にしなければなりません。夢の種は一人の思索から生まれるのですから。

第十条　畏れをもとう

若手教員十か条の最後に「師をもとう」と記しました。校長十か条の最後は「畏れをもとう」です。根底に流れる思いはつながっています。むしろ、ひとつの学校を預かる責任者としての「校長」という職にある者こそ、常に、あらゆるものへの畏れを忘れてはいけないと考えています。

【人への畏れ】

教育は人と人とが関わり合って成立する営みです。出会うすべての人への畏敬の念の忘れてはいけないと思います。人から「校長先生」と呼ばれ、学校の代表者としての扱いを受けます。その多くは「職」への敬意です。受けることに慣れて、敬意を払うことを疎かにしてはいけません。地域や保護者の方々はもちろん、特に教職員に対する丁寧な物言いや振る舞いは重要です。若手の教員だからと命令口調になるのは奢りの表れです。そして最大限の敬意を払う相手は「子供たち」です。子供がいるから学校があります。学校があるから教員という仕事があり、校長という仕事をさせてもらえているのです。また、未来を担う子供たちは計り知れない可能性を秘めている存在です。未来からの使者に敬意をもって接し、責任をもって育てましょう。

【時間への畏れ】

今あなたはある学校の校長かもしれません。しかしそれは一時期のことです。これまでの歴代の先生方や多くの人の手によって今があるだけです。新設校であっても、学校制度の歴史を考えると、人類の歴史をたどってみると、その大きな流れの一瞬のことでしかありません。また、これから先の未来を思い描くと今の一滴など簡単に淘汰されてしまうものかもしれません。そのような大きな時間の流れの中の、それでも責任ある「今」を任されているのです。精一杯の思いと力を込めて打ち込むことが、校長の責務ではないでしょうか。

【運命への畏れ】

「昨日と同じような今日が来たからといって、今日と同じような明日が来るとは限らない」。大きな災害が起こり、これからの未来も「予測不可能」としか表現できない時代です。

「絶対大丈夫」などということは誰にも言えません。そうであるなら、今、目の前にいる子供たちへ、今、共に働く仲間と一緒に、今、自分ができる最大限のことを為すことが重要だと考えます。「運命」は定められたレールの上を辿ることではなく、自らが切り拓いていくものだと信じて。そしてそれが、自分だけのためではなく、誰かのためにもなっているのだとしたら、「畏れ」は「感謝」に変わるだろうと思うのです。

校長職を楽しみましょう！

おわりに　～自分の十か条をつくる、ということ～

「この項目は納得できるけれど、これはちょっと違うよね」という部分がたくさんあったのではないでしょうか。「こんな経験はまだしたことがないけれど、へえ、こんな感じなんだ」と思われた部分もあったでしょうか。または、「ああ、そうそう。分かる分かる」と共感してもらえたところが見つかったでしょうか。そんな中に、「この考え方は役に立ちそうだなあ」というところが1か所でもあったとしたら、こんなに嬉しいことはありません。

また、本書は主たる対象者を「小学校の教職員向け」と想定して書きましたが、それ以外の校種の方やこれから教員を目指そうとしている方々、その関係者の皆様にも読んでいただけたとしたら嬉しい限りです。さらに、教育関係者以外の方の目に触れ、何か人材育成や自己啓発のヒントになるような部分を受け取ってもらえたとしたら望外の幸せです。

最後まで読んでいただき、ありがとうございました。（最後から読まれている方は、よろしければどこからでも中身を少し読んでみてください）

この、私にとっての最初の本は、純粋に「本を書きたい」という強い思いからようやく完成した一冊です。「本を書きたい」という思いだけが強くあって、どのような内容かは全くイメージできていませんでした。「本が好き」＝「本を書きたい」という単純な思考だったのかもしれませんが、いろいろと構想したり、書き始めては断念したり、まとまったものができたけれど結局は没にしたりしたものもたくさんあります。ただ、こうして一つの形にまとめてみると、結局は「自分とは何か」を書き出したものになったように思います。つまり、自分とは何か、何を考え、何をしてきた人間なのかを表現したかったのだと気付きました。

「十か条」というキーワードで教員人生を5つの世代でたどってみました。読んでいただいて分かるように、これが正しい「解」などではありません。「私は、こんなことを考え、こんなことをしてきました（または、このようなことしかできませんでした）」という記録なのです。これからの世界は「正解を求めるのではなく、問いを求める時代だ」と言われます。そうであるなら、私の十か条を土台にして、あなたの十か条をつくってもらえたらと思います。そうしてもらえるきっかけづくりとなるとしたら、それがきっとこの本の大きな役割なのだろうと思えるからです。

十か条づくりのポイントは、と言っても別に「こうしなければならない」というものがあるわけではないのですが、私は次のようなことを考えながらつくってきました。

・自分自身の実践や体験や実感を込めた内容にする。ウソや見栄は入れない
・誰もが納得するであろう、広く受け入れられる内容をいくつか入れる
・誰もが納得するわけではないだろうが、これは外せないという内容も盛り込む
・あえて逆説的な見方で捉えたり、反面的な視点から考えてみる
・条文にする文言にはとことんこだわり、声に出して納得のいく表現をみつける
・できたら、親しい人や適切な意見を言ってくれそうな人にみてもらう

何かの参考になれば幸いです。そうして、いろんな観点から自分なりの十か条をつくり上げていくことで、自分自身を見つめることができると思っています。「10個」見つけ出す、というのが、なかなか難しくもあり楽しくもあるのです。
是非、自分なりの、こだわりの十か条をつくってみませんか。

この本は、たくさんの人たちとの出会いによって生まれました。これまで勤務してきた学校で出会った子供たちからは、純粋な愛情とたくさんの学びの経験をさせてもらいまし

た。子供たちとの出会いがなければ、今の私はありません。また、保護者や地域の皆さんとの出会いも財産です。教員の狭い世界から引き出してくれました。そしてもちろん、先輩、同僚、後輩の教員仲間には、「感謝」しかありません。この本に収められたちょっといい内容や言葉があるとしたら、それは誰かから指導していただいたり、教えられたりしたことばかりです。出典も明らかにせず、勝手に使わせてもらいましたが、それだけ私の中に深く染み込んで「観」となっているということでもあります。心からお礼申し上げます。ありがとうございます。

その中でお一人だけ、どうしてもお名前を挙げて感謝を申し上げたい方がいます。世羅博昭先生（鳴門教育大学・四国大学名誉教授）です。三十数年前に長崎大学におられた時にゼミの教官として出会い、その十年後には鳴門教育大学の教職大学院で二度目のゼミ教官としてご指導をいただきました。世羅先生を通して大村はま先生を知り、国語教育の広くて深い森に誘ってもらったのです。先生は早くから「本を出版すること」を勧めてくださっていました。自らの教育実践を世に問うことの意義を強く語られていたのです。ようやく長年のお約束を果たすことができました。先生からの厳しいご指導を覚悟しております。これまで本当にありがとうございました。

そして、やはり最後に最大の感謝を伝えたいのが、家族です。我が子の成長と共に私の教員としての成長はありました。子供たちの存在と理解と笑顔があったからこそ、私は存分に教員という仕事を楽しむことができたように思います。また、その過程をすべて共に過ごしてくれた妻には頭が上がりません。随分昔から「いつかは本を出版する！」と宣言していたけれど、やっと叶ったよ、お待たせしましたね。これからもよろしく。

「本を書きたい」という願いが一つ叶いました。次の望みが「もう一冊」となるのか、別の形になるのかは今は分かりませんが、これからも、教育に携わる世界で生き、何らかの形で自分の足跡を残していけたらと思っています。

それが、多くのまだ見ぬ子供たちの未来を輝かせることにつながるのだと信じて。

２０２０年４月

山崎　直人

著者紹介

山﨑　直人（やまさき　なおと）

1964年生まれ。長崎市出身。
長崎市立山里小学校校長。
長崎大学教育学部、卒業。
鳴門教育大学大学院修士課程「言語系コース」、修了。
長崎県内の公立小学校教諭・教頭・校長・行政職を経て、現職。
日本国語教育学会長崎地区理事。
全国大学国語教育学会会員。
長崎大学国語国文学会理事。
長崎国語教育実践研究大会副会長。
ながさき国語サークル「ことの葉」会会長。
教育サークル「TOY BOX」代表。
長崎SDGｓクラブ会員。

教員人生十か条

～厳しい教育現場を生き抜く50の知恵～

令和２年４月24日　発行

編　者　山　﨑　直　人

発行所　株式会社　溪水社

広島市中区小町１－４（〒730－0041）

電　話（082）246－7909／FAX（082）246－7876

e-mail：info@keisui.co.jp

ISBN978-4-86327-508-9　C1037